北京宣传文化引导基金资助项目

唤醒沉睡的大运河

主　编　马俊亚

执行主编　邵钢锋

北京出版集团
北京少年儿童出版社

导　言

我们的祖国土地辽阔，山岳崔嵬，江河绵长，水文地貌多样。祖先们因地制宜，利用不同的水土维持生计，养育后代，生存繁衍，世代不息。

无论是游牧、渔猎，还是农耕，人类均须依水而居，是以我们的家园主要在江河流域和湖涯水涘。长江和黄河是华夏儿女的母亲河，是中华文明的重要发祥地。数千万年以来，远祖先民们在这两条巨川的哺育下，通过辛勤劳动生存繁衍，并不断探索自然的奥秘、提升自己的智慧、积累生活的知识，构建了中华文明的基石。

古人把从源头至终点有较长的身段、独立注入大海的江河称为"渎"。据《尔雅》，有资格被列为"渎"的河流除长江、黄河外，尚有淮水和济水，这些江河被统称为"四渎"。周代天子祭天下名山大川，"五岳视三公，四渎视诸侯。"也就是说，天子祭长江、黄河等"四渎"时的礼仪，比照诸侯的等级。

遗憾的是，今天，济水已埋塞无踪；淮水自明代被人为截去下游。或者说，独流入海的中国第二大河黄河在明代曾被人为地变成淮河的支流，直到1855年才形成现在的河道。

我们的祖国除了拥有天选的江河外，还有大量人工开凿的河道。先民们种植作物，需要引水灌溉和排水护稼，这就必须开挖河道。另外，人类为了防止洪水、猛兽、敌对群体的侵害，以及防火、垫高宅基和其他日用，通常在居落周边开挖沟堑，引水环护，修成人工河道。而人工河道中以通航、分洪、排涝、给水等为主要作用的就是早期的运河。我国的京杭大运河是世界上最长、最古老的运河，它有两千五百多年的历史；如果包括延展到宁波的浙东运河的话，它的全长达两千七百多千米。不过，"运河"的名称是北宋以后才使用的。为了方便起见，我们通常把北宋以前人工开凿的河道都称为"运河"。

由于运河的沟通，自秦代始，我国的黄河、长江、济水、淮河、钱塘江乃至珠江都被连接起来。到了东汉末年，由于曹操开凿了泉州渠等多条运河，又把海河、辽河连通了。

古代开凿运河的初衷，主要是封建统治者为了把别处的钱粮等运到京城供自己支配。唐代李敬方诗称："汴水通淮利最多，生人为害亦相和。东南四十三州地，取尽膏脂是此河。"汴水就是隋炀帝重开的大运河中通济渠一段。这首诗虽然是作者为揭露统治阶级的横征暴敛而作，但从侧面反映了通济渠的开凿沟通了南北的交通，促进了南北方经济的交流和发展，从而影响了运河沿岸城市的发展，为后人留下了丰富的历史文化遗存。

就河道的稳定性而言，运河无法与天然河流相比。自然冲刷而成的河流多为鬼斧神工，无论是其走向，还是所经行的地形、地势，都是极为自然而合理的选择，能最大程度地承受各种洪水的考验。明代迁都北京后，重开元代东移的运河。由于元、明、清运河居于极易溃决的黄河下游，经常被冲坍。苏北和山东段运河像是从一个巨型屋脊上通过，济宁处河床约高于淮安处六十米，所以山东段运河要依靠许许多多的水闸来调节控制，被称为"闸河"。这在实践中需要非常丰富的智慧、极其高超的治水技能、十分精妙的水工科技才能达成。所以说，大运河是中国古代劳动人民智慧的结晶，是中华民族非常珍贵的文化遗产，我们理应把这份遗产保护好、传承好、利用好。

2014年，大运河入选《世界文化遗产名录》，这将有利于世界了解大运河，了解中国，了解中国灿烂悠久的历史文化。曾经的辉煌也许会随岁月远去蒙上历史的尘埃，就让这本小书拂去大运河身上覆盖的尘埃，向世人展现它富有生命力的鲜活形象。

马俊亚
南京大学历史系教授、博士生导师
教育部长江学者特聘教授

目录

引子 —— 6

第一章 着火的世界 —— 12

第二章 不被理解的梦 —— 18

第三章 一条咸咸的路 —— 26

第四章 水边的客栈 —— 34

第五章 发疯的兄长 —— 42

第六章 一个奇怪的画家 —— 50

第七章 搬家的故事 —— 59

第八章 漂来一座紫禁城 —— 66

第九章 是灾星还是倒霉蛋 —— 74

第十章 跟着皇帝游江南 —— 81

第十一章 皇城根儿下好风景 —— 88

第十二章 丝绸何处来 —— 95

第十三章 那些船的家 —— 102

第十四章 带我去海边 —— 108

尾声 —— 114

引子

　　有人说，我是华夏千百文化符号的其中一枚；有人说，我是一座宝库，波纹下掩映着一张张城市的旧影，封存着一段段泛黄的回忆。我曾遇到一些沿着我一路向北的男女，他们用手掬起飞溅的浪花，脸上浮现出一种我说不出的神情。

　　在拱宸桥，他们上了船。但他们没有迷失在蒙蒙烟雨里，因为我看到了他们接近紫禁城时，眼中所流露出的激动。

　　他们在张家湾重新踏上坚实的土地，但他们并不仅是因为触摸到了京城的脉络而感到惊喜，因为我听到他们离开江南水乡时，口里轻念的那些词句。

　　我是京杭大运河，人们更喜欢把我简称为"大运河"。

　　你无法把我归属到任何一个地方，因为我不是某一个城市的私藏，而是串联起一处处遗迹的丝绦。

你要我说说我的故事？那我便和你讲一讲吧。不过历史的日历翻得太快，两千多年的时间里，融进河水的东西实在太多太多，如果我把它们全数写下来，估计会创造出一张和我一般长的长卷。

而且岁月还改变了不少东西。嘿，就说身边的城市吧，我时常需要想一想，才不会随口说出已经快被你们忘记的旧名字。我的终点在西周时叫"蓟"，在辽时期叫"燕京"，在元朝叫"大都"，此外还有"幽州""北平"等称呼。而我的起点，也有"余杭""临安""钱塘"等许多古名。

"吃了嘛地味儿，喝了嘛地味儿，橘子薄荷冒凉气儿——"日日夜夜流淌过通州的大街小巷，这带京味儿的吆喝，我可是学会了不少。杭州的叫卖声我也熟悉："葱包桧儿哟，桧儿又葱包咮。"无数个清晨，我都看着人们被热闹的烟火气叫醒。

讲到这里，我好像已经不小心透露出我对这两座城市的偏爱了——不过这也难免，毕竟"起点"和"终点"总是带着些别样的意义。我最熟悉这两处地方，故事便从它们开始好了。

盛大的仪仗、各色的车马、数不尽的护卫……这是我对拱宸桥曾经的印象。它不是横跨在我身上的最古老的一座桥，但修造

后的近四百年间，拱宸桥一带从未冷清过。

它的地位似乎早就由自己的名字注定：拱，意为环绕，表示拱卫；宸，从前指帝王居住的场所。我记得乾隆帝到过杭州许多次，每一次都会经过这里。他坐的船往往极大、极沉，由能工巧匠们建造成逼真的龙形外观。

可惜那龙终究不是活物，我若不用力推它，它便不会前行。船上载的天子也非"真龙"，他们缔造出的繁华匆匆落幕，被后人收

藏在博物馆的并不是皇家的奢靡,而是一些珍贵的历史回忆。

三孔并列,上贯锁石,拱宸桥常被大家誉为"古运河第一桥"。有趣的是,和它相距千里的终点站,也被人们冠了一个第一的名号。没错,就是那个货船汇聚、百物云集的"大运河第一码头"——张家湾。

张家湾之所以名为"张家湾",而不是"李家湾""刘家湾",是因为元代时途经我这里的一个人。他叫张瑄,曾经是一个海盗头目。我第一次远远地看见他的时候,就感觉他像海上的猛禽一样,身上带着危险的气息。

然而被朝廷降服之后,那种气息就越来越淡了。他在海上不再做害人的勾当，而是管理起了事关民生的漕运。有一次北京暴发蝗灾缺粮，他就造了六十艘平底船，将上万石粮食千里迢迢地从南方运到了北方。

张瑄为表忠心，把族属迁到了通州附近，于是，这一处码头便改名叫作"张家湾"。我会一遍又一遍地涌起波澜，把来自南方的货物推到这处终点站。倘若你是明清时期的北京居民，那你所能买到的苏杭的丝绸、景德镇的瓷器、佛山的铁锅，大抵都是从张家湾码头登陆上岸的。

明朝时这里还建有一个储存珍贵木材的皇木厂，当初管理它的官吏在周围种了不少槐树。如今六百多年过去了，我已经记不清那些官吏的名字和容貌了，但槐树们依然还在那里。因漕运而疲累的我路过张家湾时，它们会不时地摇摆自己的枝条，和我说几句知心话。

我最常在拱宸桥和张家湾歇脚，也最希望它们能留住旧时的风韵。有一段时间，漕运冷清下来，旧建筑又被风雨损毁，我真的以为它们要被高楼大厦吞没，成为我记忆里的一张剪影了。

但幸运的是，它们没有。如果说我是一条绵延千里的丝绦，那么在拱宸桥与张家湾之间，我这条丝绦就又分出了千万根丝线。传统街区、中国扇博物馆、中国刀剪剑博物馆、中国伞博物馆、古城门……这些丝线把我牢牢地拴在大地上，让每一个孩子都能顺着我，找到自己精神的家园。

直到今天，我仍能在地图上给你骄傲地画出两个圆圈。

"看，这是我的起点，这是我的终点。"

第一章 着火的世界

我是一条活了两千五百多年的大运河,但关于我的故事却很少有人知道。

常常有人把我的身世和大禹联系在一起。可我只听过大禹治水的故事,却没见过那个了不起的男人。

说起开凿河沟,人们很可能会想到了不起的大禹。他生活的时代洪水泛滥,大禹曾经和大家一起清理河道,将洪水分散到了各条河道里。但大禹治水仅是古史传说。人们挖渠饮用、灌溉、护卫居住区等,在新石器时代已经非常普遍。

人们一般把夫差开凿邗沟，连接长江、淮河，从而实现大规模通航时视为我的正式诞生日。夫差是一个不爱笑的国王，管理着一个不太起眼的名为吴国的国家。因为他的父亲在与越国的战争中不慎受伤去世，夫差的心中就烙下了一个念头：为父亲报仇。

这个信念支撑着他的人生，让他成为了一位励精图治的君王。我还记得他顶着狂风暴雨去军营训练士兵的样子，也见证过他身负重伤仍骑马冲向战场的那份英勇。

> 春秋时期，吴王带领吴国称霸中原。由于吴国的地形不适合用战车作战，因此吴王训练了大量的步兵。这种方便携带的青铜剑在当时是士兵们必不可少的装备，并带动了吴国造剑技术的发展。吴国的青铜剑在剑身的不同部位加入了一定比例的锡、铁、铅、硫等成分，不仅锋利，还有韧性，当时各国的诸侯都流行佩带吴国这种"刚柔相济"的宝剑。

上天总会奖励努力的人，吴国的百姓逐渐过上了富足的日子，一支纪律严明、锐不可当的军队也出现在夫差所统领的土地上。带着这群甘愿为他赴汤蹈火的手下，夫差驾着车，冲破了许多国家的防守。但当一个又一个诸侯向他低下头颅后，夫差依旧没有停下破浪的战船。

战国时期的青铜剑

夫差大仇已报，但扩张的野心难以满足。他想成为统治整个江淮大地的王。

于是，北方的齐国变成了他的下一个目标。

中国有句古话叫"兵马未动，粮草先行"，训练出一支精锐的部队相对容易，可率兵赢得一场长途战役非常困难，因为当路程太过遥远的时候，本国的粮草就会无法及时运到。士兵精疲力尽地走到目的地，发现自己吃不到口粮，战马吃不到草料……那场面，实在是令人绝望。

夫差一时想不到好主意，于是召集了一群大臣来开会。会上有人想出了一个办法：坐船去齐国。如果能乘船，士兵就不会疲累，吴国引以为傲的水上部队也能大展身手。

这是个好主意，但吴国并没有直接通往齐国的河道。夫差沉吟了片刻，大手一挥："我们就要坐船去攻打齐国，召集民工，开始挖掘去那里的河沟！"

夫差修建的河沟全长一百六十九千米，因为以邗城为起点，所以取名为邗沟。

在唐代以前，人们把开挖的人工河道叫作"沟、渎、渠"等。到了宋代以后，"运河"才成为大家都知道的名字。

邗沟是中国历史上第一条有明确文献记载的人工运河，也被视为最初的大运河。

命令一下，人们顿时就围在了我的身边。来的人中不仅有百姓、士兵，还有那个大名鼎鼎的吴国大夫伍子胥。听不远处的小溪说，他建过都城，修过河道，还治理过洪水。

在伍子胥的指挥下，人们被分成了很多支队伍，开始听着伍子胥的口号开凿河道。落下的耒耜宛如雨点，刨起了一块又一块的泥土。

一年多的时间转眼间过去，他们凿出了弯弯曲曲的河道，打通了一个又一个湖泊。我在一点一滴的疼痛中出生，感受着身子慢慢被拉长。河水开始一股股地流过我的身体，小鱼和小虾在我的身体里来回游荡。

然后，我便开始履行我的使命。从邗城出发，我用了七天的时间，将大批吴国的船队送到了齐国的城门前。那些士兵在路上和我一起看沿途的风景，给我讲关于吴王的故事。最后，我看着火光燃起，一个个熟悉的身影穿好盔甲，嘶喊着冲向敌方阵营。

那是我出生以来第一次直面战场的残酷，我担惊受怕地等待着，终于在几天后看到了返程的士兵们。有几个年轻的脸庞消失了，有几个健谈的小伙子受了伤，但他们带回来的是胜利的消息。没几天，这一喜讯就被我带到了吴国的大街小巷。

吴王坐在宝座上大笑，他说我会让他成为这片大陆的王……

古代著名的水利工程

菏水

邗沟的成功让夫差又开凿了一条通往西边的水道——菏水。这条水道为当时的战争打开了新的局面，也为日后流通南北的大运河打下基础。

鸿沟

战国中期魏惠王下令挖掘改造鸿沟，让鸿沟向北流进黄河，向南与淮河几条支流相连。所以鸿沟不是一条水道，而是一个水系。

都江堰

战国后期，秦国的李冰和他的儿子汲取前人的治水经验，修建了既能够防止洪水，又能灌溉、航行的都江堰水利工程。

灵渠

秦灭六国后,秦始皇又想向南边拓展疆域,于是修建了灵渠。灵渠连接了长江流域与珠江流域,被称为"世界古代水利建筑明珠"。

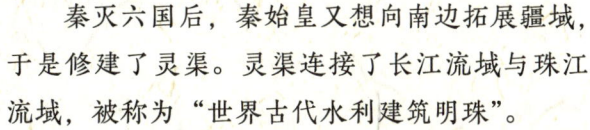

西汉漕渠

公元前129年,汉武帝命令水利家徐伯等人向南修建漕渠,方便粮食与物资运送到长安。漕渠修得又直又深,非常方便船只通行。

郑国渠

公元前246年,水利专家郑国为秦国主持修建了郑国渠。郑国渠不仅让秦国富强起来,还发挥了一百多年的灌溉作用。

白沟

东汉末期,为了征战北方,曹操下令开挖了很多运河。其中白沟的修建令华北平原的运河有了一个中心的位置,也让曹操打仗时再也不用担心军粮的运输问题。

东汉阳渠和汴渠

为了保证国都洛阳有充足的粮食,东汉王朝在洛阳的西南方开凿了阳渠。洛阳边上原本浅浅的洛水河有了充足的水量,行船畅通来往。

黄河水的淤泥使很多河道被废弃,东汉王朝就重修了其中的汴渠,加固了堤防。这些河道都为日后洛阳的繁华立下了功劳。

第二章 不被理解的梦

我的年纪虽然还很小,但我时时刻刻穿梭在各地,早已见过形形色色的人。我是天然的镜子,人们在遇见我时常因为看到了自己的样子,而不小心露出最真实的表情。

我见过头发花白的老人偷偷地哭泣,也见过穿上新衣的女孩朝着我臭美。但某一天见到的一个奇怪男人,实在让我倒吸了一口凉气。这是怎样的一个人哪!他的眼神像是冬日的寒冰,脸像戴着面具般没有表情。在与他对视的瞬间,我吓得吞掉了所有的浪花。

他没有欣赏河边的美景,只扫了我一眼便扭头对旁边的人说话。我听见他下达了一个命令:五个月内建好通济渠。

他的声音在我的身上幽幽地荡开。没过多久,一大群人就带着我往东出发。

我和那群男男女女走过没有村庄的大地，寻找着可以穿过的山岭。从他们的口中我得知了那个奇怪男人的名字。许多人说这个叫杨广的人可怕而又阴险，统治手段十分残暴。

民工们挥舞起各种工具，没日没夜地敲击着泥土。于是，平地变成了河道，山岭中出现了通渠。可监督他们干活的宇文恺还是嫌他们干得太慢。从小就被称为天才建筑师的他站在高高的土坡上，用犀利的目光俯视着人群。

"凿深一点！再深一点！"宇文恺这样喊着。

从三月林子里传出鸟叫，到八月树上结出果子，不断有人倒在烈日下，不断有人因为饥饿死去，但最后，河道终于挖到了宇文恺想要的深度。皇帝交代的项目，终于以民工们的血汗为代价竣工。

当黄河与淮河的水冲入我的体内,我开始沿着一千多千米的河道飞奔。我的身体被迅速拉长,不一样味道的水带着奇奇怪怪的鱼进入我的体内,给我以十足的新鲜感。

大运河第一次贯通

隋炀帝用了六年的时间,改造了邗沟,兴建了通济渠,开通了永济渠,将钱塘江、长江、淮河、黄河、海河连接起来。以洛阳为中心,南到浙江,北至涿郡(今北京)的大运河正式诞生。

大运河的出现,让隋炀帝时期的都城洛阳变得更加繁华。

南宋的李嵩在《天中水戏图》中幻想出皇帝乘坐龙舟出行的盛况

接着，隋炀帝便坐着巨大的龙舟和我相遇。那龙舟像一座装饰着金银珠宝的水上宫殿，上面还亮着数百个比夜空的星星还要闪耀的灯笼。这时我才明白，容纳我的河道为什么要凿得那样深，因为没有足够的水，是不可能托起龙舟，托起载着皇后的凤船，托起追随它们的千百艘彩船与官船的。

我吃力地推动着那些大大小小的船从洛阳来到现在的扬州一带，看到了随风摇曳的杨柳与守在岸边的百姓。在官员看不到的地方，那些百姓窃窃私语。他们指责皇帝不知节俭，害怕新的水路会带走他们的粮食和钱财。

隋炀帝的植树计划

隋大业元年（605年），隋炀帝想要改造邗沟，召集了十余万民众来修建。

他还鼓励百姓在河道两旁种树，每种活一棵柳树者，赏细绢一匹。

隋炀帝还举办了植树仪式，给柳树赐姓杨。

杨柳作为大运河边的标志就流传下来。

在接下来的六年里，隋炀帝又下令修建了许多河道。这些河道连接着南北方最繁华的城市，让我每一天都能将数不清的船送往洛阳。那些船喜欢这种生活，因为它们可以载着沉甸甸的粮食与宝物出发,然后驮着各种各样的商品回家。然而它们却没有看到隋炀帝脸上的烦恼。身处繁华的洛阳城中,隋炀帝活得并不痛快。

原来,虽然新水路让南方有权势的家族平定下来,但北方的战乱依旧搅动着皇帝的心绪。每隔一段时间,就会有几艘船将南方的士兵送到他的身边。

有一天,皇帝的龙舟再次出现在我的面前,它被载着士兵的船紧紧包围着漂向远方。我随着这些船见到了突厥人和鲜卑人。那些人从马背上跳下来,毫不畏惧地冲着隋炀帝叫叫嚷嚷。隋炀帝请他们喝酒,请他们吃饭,还从船上拿下好多亮闪闪的珠宝送给他们。看着这些人心满意足地离去,心事重重的隋炀帝才松了

一口气,在轻轻起伏的龙船上进入梦乡。

我以为这就是故事的结局了,但事实证明,我没有看透他的好大喜功。很快,一艘艘战船在我的身上卷起了巨大波浪,我愕然看着他下达命令,要举全国之力攻打远方的高句丽。

隋炀帝或许有着他的梦,但无人能够理解。百姓们不懂这个皇帝为什么要打打杀杀,就像他们不懂为什么要修建运河,为什么所有好的东西都要运到洛阳。不懂化作了不满,不满化作了怨恨与愤怒。不想再被他压榨的百姓组成了一支浩浩荡荡的队伍，燃起了起义的烽火。

隋炀帝还想用自己强硬的手段来阻止这一切，可那火苗只会越烧越旺。终于，他狼狈地逃离了皇城。

我还记得他当时的样子，他坐在一艘豪华的木船上，头发凌乱，蜷缩着身子，眼神依旧像冰块一样冰冷，脸上依旧毫无表情。他望着自己璀璨的宫殿，一点点消失在河面的浓雾里……

隋炀帝为了修建大运河不仅掏空了国库，还让众多百姓家破人亡。据统计，修建大运河总共在民间征调了数百万人，大批青壮劳工死在了工地上。但隋炀帝修建大运河也经过了缜密的计划，是在前人修筑过的水路上加以扩宽延长，在一定程度上减少了工作量。

第三章 一条咸咸的路

请告诉我,帆影橹声里,你看到了什么?

大多数人应该都不记得了吧?我运输的东西除了南北百货、成仓的粮食,其实还有一样。在过去,它的存在可以催生出一座繁华的城市,但日历越往后翻,它在大街小巷的店铺中就越常见。

再给你个提示,这种东西,尝起来是咸咸的——没错,它就是盐。虽然古代的文人骚客们都喜欢用雪、花朵来比喻它,但我从前对它的印象可不算太好。船工们搬货的时候不小心撒出来的量,可比调味所需要的多得多了。

我因咸味蹙起眉头,河面上就涌起波澜。君王们看了那波澜,却都捋着胡子笑开了颜。在他们眼里,那可是治理国家经济的大好机会。

运盐的古道

人不可无盐，失了食盐，人便会一阵阵地发晕。所以统治者们便看准这一点，把它作为税收来源。路过齐鲁一带的时候，那里的山峦对我说，征盐税的策略可比我辈分高多了。早在春秋的时候，就有个叫管仲的人想出了这种方法，法令一发下去，官府收到的钱币就像盐粒一样，数也数不清。

真的吗？吃惊的情绪让我的水面泛起了好几个浪花，这个时候，我才完全地读懂了隋炀帝大刀阔斧开凿出我的心思，原来

刘濞跟着叔叔汉高祖刘邦打仗有功，被封为吴王，得了封地。

刘濞借着封地靠海的优势，在海边煮盐。为了方便将海盐送到都府广陵，也就是现在的扬州，他便下令开凿了茱萸沟。

之后，茱萸沟时有拥堵，几经改道，在明朝还依旧作为运盐河道的首选。

27

除了粮食，他还想要沿途收缴金钱。

可慢慢地，我又明白了，运河带给国库的财富并不是永恒的。盐运让运河两岸开出的如花束一般灿烂的文化，更散发出亘古的芬芳。

在从前，扬州一带的孩子们最喜欢跑到桥上看船，因为河上每天都不停地有船来往，比集市还要热闹。运盐多的盐商，每次运输的船只常达到四五艘。这个时候，他们就会把多艘船只用两条绳子拴在一起。每当我用力推上一把，使得这样的"长龙"上下起伏的时候，孩子们就会迸发出一阵惊讶的呼声。他们趴在刻着花纹的栏杆上，白嫩嫩的小脚丫从栏杆之间垂下来，摇啊摇啊，好像寓意着这片土地所蕴藏着的原生活力。

他们长大的时候,从土地中汲取的力量仍然不会消散。看他们的先辈,那些或挑或推或挖,开凿出我的河工,看

那些居住在草屋里，六月份仍在烈火边煎盐的盐民，他们不识得几个字，却用自己的双手夯实了繁华市镇的根基。如果城市有味道，那我想这些因盐而兴的地方会是咸咸的，不仅是因为盐，还因为那些劳动者流出的血和汗。

当然，除了划桨声、叫卖声、水流声，其他一些声音也以别样的方式回荡在这条运盐之路上。

那声音是盐商们的窃语。朝廷在我身上设了许多关口之后，商人们驾着盐船每路过一道关口，都要缴纳不少的税款。于是，一些人就有了自己的鬼点子。他们利用堤坝绕过官府的检验，有

煮盐的方法

煮盐是最早的制盐法，唐代以前多用这种方法。

制成卤水后将其煮沸，

投入捶碎的皂角和粟米糠，加速盐的析出，

使卤水结晶成盐。

时候停歇得久了，就干脆在那个地点买地建房。

古人不是说"商人重利轻别离"嘛，一开始，我还以为那只不过是他们的歇脚之处。结果几十年倏忽而过后，我发现他们真的在那些地方扎下了根。他们的儿女捧起我的水嬉戏玩耍。在他们身上，我仿佛看到了他们父辈儿时的身影。而原本偏远的村落，也因为这些家族的出现而变得繁荣。

潍坊古代盐业遗址出土的盔形器

唐代以后，煎盐、晒盐法慢慢取代了煮盐法。

有时,我也能听到盐民们反抗时的振臂高呼。泰州附近爆发过一次"十八条扁担"起义,跟着张士诚沿运河攻入城中的那些追随者,有不少都来自饱受官府剥削的盐民家庭。

这就是运盐古道上的过往,世间百态在这里被惟妙惟肖地演绎。13世纪,一个来自威尼斯、名叫马可·波罗的人途经因盐兴盛的城市时，也被眼前的景与人所震撼，称自己见到了"东方的水城威尼斯"。

今天的人再见到类似的场景不会像以前那样惊讶了，你们所造出的机械，比我见过的任何一匹骏马都要跑得快；你们一天之内收寄的货物，可能比我用数十年运送的还要多。但走过那些熟悉的路线时，我总觉得，盐运的历史还是需要被铭记。回味着河水中的咸味，你们也许会更容易理解一些东西，传承一些东西。

惊堂木拍案声传来，路过运盐古道的我向两岸望去，似乎在古迹边看到了许多人影，一些伫立在瘦西湖的白塔边，一些徘徊在生长着杂草的码头遗址。

是有人来与我共听这段传奇了吗？

盐使得扬州富甲天下，成为全国的金融中心。据统计，到清后期，仅江苏、浙江、江西、湖南、湖北等地，通过扬州的漕船就有两千六百多艘，运丁两万六千多名。盐商们在河道两旁开起了店铺、酒家，也让扬州孕育出了米行、木行、造船业、铜器业、茶食业、刺绣业、漆器业等五花八门的行业。

第四章 水边的客栈

现在,我的工作大不如之前繁忙了。一天中的大部分时间,我都一边支出几分力量,送游船和货船远去,一边懒懒地伏在河道上,摆弄着旁边的柳枝。

但船上有时会出现一些外国游客,他们用我听不懂的话交流的时候,我的思绪就总要飘到一千多年前去。那段时间登上中华大地的一群异国使臣,给我留下了很深的印象。

弯月高高地挂在空中,几颗星星零零散散地缀在它的身旁。我与他们相遇的那一夜,淮安码头一片寂静。我隐约听到水波声中有青年在叹息。这激起了我的好奇心:淮安码头是粮米百货的转运地,船工和商人劳累一整日后早就沉沉睡去。在这个时间,谁会望着天边的明月叹气呢?会不会是旅途愁苦,将要作下名篇的诗人?

凑到船边，我看清了那个青年。他穿着一身常见的素色衣服，长相也和两岸的居民相似，然而他带着哀愁吐出的那些话，我却一个字都听不懂。

他是谁？更加好奇的我带着问题去问华夏的江河与山峦。在长江那里，我找到了答案。

原来，他是日本为了学习中国文化而派出的遣唐使团的人员。在此之前，像他们这样的使团大多选取北路航线，即沿朝鲜半岛

日本遣唐使团成员组成表

日本遣唐使团成员丰富，多时一次能组织五百多人。

西岸北行,再沿辽东半岛南岸西行,跨过渤海在山东半岛登陆,最后走陆路抵达洛阳。然而由于和新罗之间的矛盾,他们这次不得不改变了计划。

他们由九州南下,经过诸岛,向西北横跨中国东海——东海渺茫无边,时有巨浪,他

们的一艘船直接被撕成两半，沉向了海底。长江为我运来的这些人，都是成功挺过那场劫难的幸运儿。

想必他是因为远离家乡、失去同伴而伤心啊。我了然地点点头，继续跟着这群遣唐使。从长江说的来看，想要抵达经济文化最为繁荣的地方，他们还要在我这座"客栈"里留宿很久。我还有充足的时间观察他们，了解他们到底是一群怎样的人。

晨曦转眼染遍东方，商人、船夫以及这群渴求着大唐文化的遣唐使纷纷醒了过来。我看到那个青年与他的同伴简单洗漱后，就登上了中国的船只。他们的嘴因通济渠一带的繁华而吃惊地张大了。过了一会儿，他们居然叽叽喳喳地说起了汉语。

语言是交流的基础，好不容易才抵达这片梦想中的土地，他们谁也不想辜负了这次机会。先进制度、天文历法、书法艺术等，唐朝安排的课程很快就被他们海绵吸水似的吸完了。还在船上，僧人就开始看起了经书，擅长文学的留学生则尝试着吟诗作对，就连画师、乐师，也都在抓紧一切时间练习。

被遣唐使们的刻苦精神所打动，我使出了浑身的力气，用最快的速度把他们送到了洛阳。

遣唐使带回日本的平螺钿背圆镜

大约两年后，他们又来到了我这座"水上客栈"。他们的船上满载着唐朝的礼物以及他们购买的各种书籍、日用品等，若不是船儿太小，他们肯定会搬回更多的东西。

我又看到了那个青年。我听说他被唐朝的风土人情深深吸引，曾一度想要定居大唐。但到了最后，明月牵系的那缕乡愁又把他引回了岸边。

遣唐使带回日本的螺钿紫檀五弦琵琶

螺钿这种工艺就是用贝壳打磨成人物、花鸟、几何图形或文字等薄片，根据需要镶嵌到器物上作为装饰的一种工艺。

不过，也不是每个留学生都会按时返回日本。每隔一段时间，我就会接待新的遣唐使，717年，多治比县守带领的人员里，就有一个人终生留在了大唐。他叫阿倍仲麻吕，我在淮安初次见到他的时候，他还是个十九岁的青年。

在我这处"水上客栈"里，年轻的阿倍仲麻吕可不觉得无聊。不管是船来船往、热闹非凡的"九省通衢"淮安，还是接下来两岸的诸多城市，都足够让这个年纪的他心潮澎湃。而且，与他同行的还有同

> 日本朝廷遣唐的留学生与学问僧均为优秀的青年。他们向唐朝的皇帝献上珍贵的玛瑙、琥珀等礼品。皇帝则回赠一些有中国特色的丝织品、瓷器、乐器与典籍。那时在中国的留学生都会被分配到长安的国子监学习各种知识。

遣唐使带回日本的鸟毛立女屏风之一

样喜爱唐文化的留学生吉备真备、学问僧玄昉。我在送他们前往洛阳面见唐玄宗的路上，一直在听他们畅谈人生理想。

盛唐之时，我的任务也繁重得很。告别阿倍仲麻吕后，我便忙着去送货运货，招待其他留学生。他后来的传奇，基本都是我从别人口中听来的。据说，他被准许在国子监太学读书，毕业后参加科试，一举就考中了进士。

别人还说，他取了个中国名字叫"晁衡"，后来和大诗人王维、李白等都有过亲密交往。《哭晁卿衡》这一名篇，就是李白听

运河的外国朋友们

新罗人崔致远，常常与运河在扬州相遇。

他十二岁就到中国求学，后来参加科举考试，一举及第。

这个才子写了不少诗词等作品，回国后为新罗带去地道的中华文化。

信晁衡海上遇难的传言而写下的。

唐代有位日本相国（一说王子）长屋曾造千领袈裟施赠中国，并在衣边绣偈语："山川异域，风月同天。"我经历过那些历史，深知两个国家在怀着相同的友善之心时，能产生怎样的共鸣。

我愿继续做"水上的客栈"，见证这如宝石般珍贵的情谊。

意大利人马可·波罗，用了十七年的时间游历了运河边的城市，写下的《马可·波罗游记》，向世界展现了东方的美丽与神秘。

明朝的时候有三个苏禄国（现在的菲律宾群岛）的国王要来拜见中国的皇帝。运河将他们运到了北边的皇宫，又将他们送回了南边的故乡。从此，两个国家的人民结下深厚的友谊。皇帝为留下来的苏禄人提供土地与粮食，回到家乡的苏禄人不时还给皇帝送上超级大珍珠。

第五章 发疯的兄长

和人们比起来，我的寿命似乎已经很长很长了。但是和那些天然形成的大江大河相比，我只能算是个年幼的孩子。黄河、海河、淮河、长江、钱塘江，我与这五条河流均有交汇之处，每天一闲下来，我就会向几位兄长问好，感激他们多年来对我的关爱。

在兄长们当中，我最害怕的一位就是黄河。也许是因为那些粗粝的泥沙吧。黄河的脾气暴躁得很，往往一场大雨过后，上涨的河水就会冲破堤岸，像怪兽一样嘶吼着朝村庄冲去。汉代王景治理之后，他消停了一段时间，可到了北宋，他简直像发了疯一样——在我模模糊糊的记忆里，他和他的支流就泛滥了一百多次，换算下来，几乎每年都要好好地"闹"一回。

黄河的水源是百姓正常生活的基础，没有黄河稳定的灌溉，周围上百里的土地就无法耕种。要是这位兄长生起气来，我也没办法正常工作：通济渠一段的水源自黄河，这么多年来，也有了发展为"地上悬河"的态势。

北宋的都城选在黄河边上的开封，交通运输又很依赖我，于是治理水患就成了这个王朝的头等大事。

一开始，皇帝把这件事想得很简单。中国很早之前就有专门负责水利的官员，既然黄河带着通济渠一起闹别扭，就让那些官员去治理嘛。

水官的工作知多少

中国的朝廷从很早就开始任命官员来管理水务，但这份工作可不像想象中那么轻松。

疏通河道　　　预防、治理洪水　　　造桥修路

管理行船与码头　　管理沿河的商铺与农田　　管理渔业与水中作物

然而他没有料到的是，立国之初建立的政治体制虽然能使官员间互相牵制，但也使权力过度地分散。在水利方面，则表现为几个治水机构你不服我，我不服你，既然没有统属关系，那么谁都想做老大。

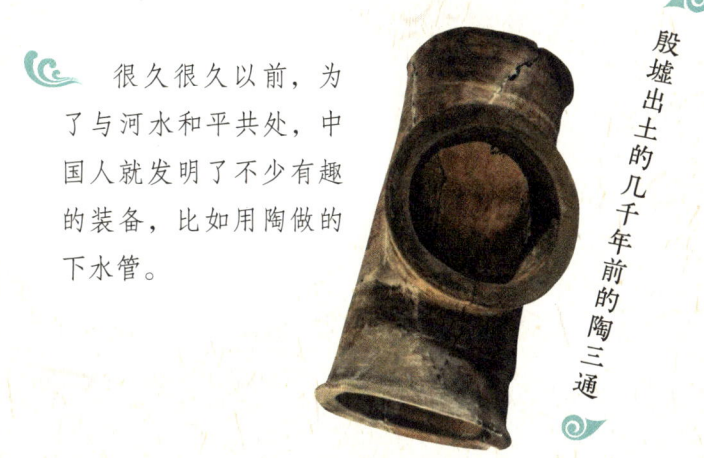

很久很久以前，为了与河水和平共处，中国人就发明了不少有趣的装备，比如用陶做的下水管。

殷墟出土的几千年前的陶三通

与自然抗衡可不是一件易事，连万人齐心都做不到，还想和黄河斗一斗吗？我听着那些官员争吵，心里不禁犯愁。

还好，朝廷发现这一问题之后，抓紧设立了一个叫都水监的部门，让它一个一个地兼并了那些分立的小机构。这样一来，北宋混乱的治水体制就有了核心，大小官员便开始了对黄河水患的治理。

老实说，如果是为了升官发财，我可不觉得都水监是个好去处。在那里任职，意味着你每天都要去河边巡查，检查河水有没有上涨，河堤是不是牢固。黄河以及受他直接影响的汴河出了任何问题，责任都将落在你的肩上。

不过，我觉得这样也好，考核得严，才会留下那些为百姓着想的好官，筛选掉那些啃噬国家根基的蛀虫。我记得元丰和靖康年间，就都有水利官员因为虐待河工、剥削百姓而下马。其中有一个叫程昉的还因害怕朝廷惩罚，最后忧惧而死。

都水监建立以前，汴河及洛水一带的问题是由汴河堤岸司管；

都水监建立之后，这一部门的职权就也渐渐地被收到中央。为了保住我的这段身躯，让集中了大量百货的通济渠能真正发挥它的"通济"作用，水利官员们苦思冥想起来……

首先尝试的办法当然是清理河道。这是从上古流传下来的老方法，但动工之后，官员们发现河工们挖的速度远远赶不上泥沙淤积的速度，到头来，汴河还是越来越堵。

疏通解决不了问题，那就只能从水患的根源出发了。某一天，一个官员一拍大腿，想到了一个新法子：我要引来其他地方的水，

天才的治河妙招

北宋出了一个叫沈括的天才，他不仅上知天文下知地理，对文学和兵法也很精通，还对水利颇有研究。他考察了地形，整理了大量的数据，给出了治理汴河的方案。

第一步 挖出淤泥，疏通河道。

第二步 用淤泥改造盐碱地。

第三步 截断黄河水，将洛水引入汴河。

让汴河变得清亮亮的，再也不向下淤积！

我感觉到自己的身体中汴河的部分被灌入了两条细细的清流，不行，还远远不够，黄河的泥沙还梗在我的身体里。

进行尝试的官员显然也发现了这一点。趁着黄河河道北移，广武山北麓出现一片高滩，一位叫张从惠的官员提出了一个大胆的设想：利用这处高滩开出一条渠，把洛水引到汴河。

洛水水流较大，新线路又有着西高东低的优势，这个想法的确可行。不久，我便听说官员范子渊进行了考察，向朝廷陈述了

在治理汴河的过程中，沈括独创了一种"分段筑堰"的测量方法，就是把汴渠分成许多段，分成台阶形的堤堰，引水灌入，然后逐级测量各段水面的高度，累计的各段高度总和就是两地的高低差。这在世界水利史上是一个创举。

这项工程的好处。过了一段时间，我又见到了负责最后勘察地形、确认路线的宋用臣。

就这样，在大家的共同努力下，引洛清汴工程浩浩荡荡地筹划起来了。河工们挥汗如雨地凿开水渠后，一股清流强而有力地涌入我的身体。

自黄河发疯以来,我好久没有这么清爽的感觉了。我开心地在汴河一段扬起水花,催促在岸上等待的船只。

来吧,来吧,你们不再需要等待一百二十天的通航期,我将在这里全年守候,帮助你们建起宋室王朝的繁华。

第六章 一个奇怪的画家

古往今来，我还是受到过很多人的喜爱的。他们会静静地坐在船上，或倚在桥上，或趴在自家的栏杆上，注视着水面的阵阵波纹。正常情况下我也不会去注意这些目光，毕竟人人都有自己的事情要做，他们的视线往往只短暂地停留一会儿，就会自动地移开了。

但是万事总有例外。大约是北宋年间吧，有一个奇怪的人来到了我的身边。在长达一年的时间里，他每天都会几个时辰几个时辰地望着我。

漕运的事情让我忙得很，但一个多月后，我就禁不住这种观察，开始打探起这个人的来历了。这个人不仅看我，还在空中比比画画，在纸上勾勾挑挑——他到底是做什么的？

漕运是指朝廷将征来的粮食通过水路运往皇城或指定的地点，给宫廷使用或作为官员的俸禄、士兵的军饷、难民的物资等。漕运的出现也牵动着运河的发展。

秦汉时，漕运主要用于打仗时运送军粮。为了便于储存、转运粮食，秦朝出现了首个用于漕运的粮仓。

到了隋朝，人们在运河边建了很多粮仓，采用分段漕运的方式转送物品。大量物品从扬州装船出发，扬州与周边的城市变得无比热闹。

唐朝人十分重视漕运，不仅改革了漕运的运输组织，还招聘了专门管理漕运的官员。这时漕运的路线从原来的东西方向变为西北与东南方向。运河上的行船要根据黄河水位的起起落落制定前行的脚步。

随着船闸的广泛运用，北宋改变了分段转运的漕运方式，漕运船直接通过各个闸口开往开封。越来越重要的漕运，让造船的手艺变得越来越精湛。

我想打探消息,再高再厚的墙也拦不住我,因为风是我的朋友,泥土是我的旧识。很快,我就知道了他是谁。

这个人叫张择端,是个画家。他跑到河边来日日观察我,恐怕是要用笔将运河两岸的样子描绘下来。

嗯，且看看他要画什么吧。我这样想着。像他这样在翰林图画院供职的人，所画的一般都是皇帝和贵族的生活，我倒想知道他观察了这么久，最后会画下哪个过路的大官。

之后的日子里，张择端在岸上看我，我便在桥下看他。他那张留有髭须的脸映在水面上，时而凝重，时而欣喜，时而释然。有时候他没有思路，好几天不在画卷上落笔。这时候我就会注意到他脸上的倦意。

冬去春来，在无声的对望里，一年过去了。某一日，他步伐轻快地来到我身边坐下，展开了那幅我已经见过上百次的长卷。河边的柳树看到了画面的内容，将其一一地转告给我，于是那一天我终于知道，这个男人胸中盛着怎样壮阔的一片天地。

画巍峨的高山、湍急的河流，才能称得上胸怀壮阔吗？我觉得不是。张择端的这幅画，画的就不是那些壮观而罕见的画面，而是我身边平凡的市井生活。他称这幅画为《清明上河图》。上河，是到河边去的意思。

人们从或高或矮的院墙里走出来，穿过街巷，把自己的身心交给面前的春色。店铺的幌子在柔风中招展，树叶的光影散落在地面上……张择端捕捉的那些瞬间，精妙地展现了运河两岸的自然风光和繁荣景象。

运河不仅熏陶了画家，也给了很多艺术家源源不断的灵感。

黄公望寄情山水，留下了传世杰作《富春山居图》。

李白与范仲淹都作诗描写过忙忙碌碌的运河。

王朝的基石正是由这些人搭筑起来的，尤其是宋朝。在此之前，朝廷把大部分的人绑在了土地上，将不种地而到处游走看作一种罪过。但自北宋开始，失去土地的农民被准许进入城市，在苏州、江宁、洛阳这样的地方寻找营生。

朝廷为了培养画家设立了画院这样的机构。画院画家以"翰林""待诏"的身份享受与文官相近的待遇。宋朝时画院扩大，成立了翰林图画院。给皇家和达官贵人画画成了有身份的美差。

这些人可能不会意识到自己的了不起，他们抬轿的抬轿，卖药的卖药，念的想的都是自己眼前的事。

家住运河边的曹雪芹，将运河沿岸人们的生活都刻画进了大名鼎鼎的《红楼梦》。

京剧、昆曲、柳琴戏沿着运河南来北往地传播着。

然而经张择端的提醒,我明白了他们的重要性。从前这片土地除国都外,是没有什么繁华的城市的。他们涌进来,积极地参与到当地的生活中,一切才变得不一样了。在北宋年间,走进一座地方性城市,你会遇到形形色色的人,遇见很多精彩的故事。

老柳树看画看得仔细,在讲完街巷中的烟火气后,他又指出了画中暗藏的危机。

仔细回想,这些事的确都在汴京(今开封)城真实发生过。拱桥那里的混乱我还很清楚缘由:桥那里原本应该有专员值守,等到大船靠近就提醒纤夫收力,给船夫收桅杆的时间。但是最近几任的官员犯懒,已经很久没有安排人上岗了。

集市上,一匹受惊的官马长嘶一声,惊吓到了路边的老人和孩子。

官衙前,几个守文件箱的士兵横七竖八地躺着,正呼噜呼噜睡觉。

城门口，一列骆驼商队没有遇到任何盘问，大摇大摆地走了进来……

哦，还有与我密切相关的事。画上，一艘大船临近拱桥还没有放下桅杆，吓得船夫赶紧用长篙死死抵住桥帮。

《听琴图》中的宋徽宗

明丽的春光下，大宋的政治并不清明啊！我看着张择端带着画进宫的背影，霎时间读出了一种悲凉。一个画家即使再不凡，也比不了治国的朝臣。他能把所有的美与丑画出来，但他找不到改变这一切的方法。画中有大夫，但他们能开口说话，给宋朝看病吗？

但我深深地怀疑那个"艺术皇帝"能否读懂这一层深意，毕竟直接的劝诫都改不了他放荡的性子……

> 宋徽宗赵佶，北宋第八代皇帝，是著名的书画家，书与画均可彪炳史册。然而他在政治上昏庸无能，在位二十五年，因亡国被俘受折磨而死，终年五十四岁。

第七章 搬家的故事

不知道从什么时候开始，中原人民的脸上开始挂上了忧愁。那些冠袍带履的人是这样，普通的百姓是这样，就连最浪漫、最多情的诗人们也是这样。从他们口中，我前后听到好几个陌生的名字，有辽，有金，还有……

分分合合，你争我打，不管过了几个朝代，他们总是这个样子。

我在兵荒马乱中也受了不少苦。那一次，金朝的军队攻陷汴京，宋高宗赵构灰溜溜地逃到了临安。为了不让敌人继续追来，赵构一咬牙，居然让官吏故意挖开了黄河南侧的堤坝。

我连接着黄河与淮河，那泥沙流入的粗粝的感觉，我是早已感受过的。然而"决堤"二字却带着不同的意味。我想喊住涌入的黄河水，却根本控制不住那群疯狂的家伙。他们像咆哮着的狮子，霸占了我身体的角角落落。那些波光粼粼、风吹细柳的诗情画意，一下子就消失不见了。

泥土与沙砾不仅夺走了我的美，还夺走了我引以为傲的使命。当它们在我的底部沉积，我就重复起了黄河经历过的噩梦。我的河床越来越高，有时竟高出了地面。南宋一位丞相坐船出使北方，

走到汴河的时候，竟不得不下了船，骑上了马儿。要知道，那可是当年载着龙舟，运着粮草，催生起一座座繁华城市的通济渠啊！

堵塞，干涸，废弃，我以为这就是我的最终结局。然而某一天，一个人站在我的身边，沉吟了很久。他戴着皮帽子，身穿白色质孙服，脚上踩的靴子似乎还带着草原泥土的气息。后来，我听说这个男人叫忽必烈。再后来，一群人捧着诏书聚集在我的身旁，开始按照他的旨意改变我的流向。

我看惯了洛阳的山水，猛然让我放弃"人"字形状，变成直连北京、杭州的"一"字形状，说实话，我是不太愿意的。可是为了能够再次和船只相伴，我还是顺从地接受了铁锹、铁铲们的改造。

化曲为直的过程可不简单。一开始，忽必烈以为简单打通大都（今北京）和通州、临清和济州之间的河道就能让我推着沉重的船儿，把产自东南的粮草"哼哧哼哧"地运到新的国都了。可是修好了济州河、会通河之后，忽必烈却发现由海运、河运集中到通州的粮食实在太多了。即使船儿整日在新建的通惠河中忙碌，也难以把它们全部及时送到目的地。

坐在运粮船船头的官吏叹息着，他害怕自己不能及时把粮草运到大都，会丢了头上的乌纱帽；客船里的青年躺在床上，翻来覆去睡不着觉，他担心家中的父母等得太久，会急白了头发。我看着他们犯难，心里也跟着着急。但想到当朝的皇帝，我就心安了很多——我知道一统天下的他，胆魄如同草原上的雄鹰一般，他既然有把我这条长河"扳直"的勇气，就不会满足于现在的通航能力。

事实和我预想的一样，没过多久，百姓的门就被一扇一扇地

坝河长二十多千米。因为地势西高东低，相差大概二十米，人们不得不在上面修了七条拦水用的闸坝。这也是它名字的由来。

敲响，各家的男人们聚在一起，从官员手里领到了开凿河流用的器具。首先开凿的是坝河，这条河从大都光熙门（今北京城铁柳芳站附近）一直延伸到了通州城北。

后来，这条河的水源还是满足不了城内用水的需求，忽必烈大手一挥，又让人开凿了通惠河。一开始，我还没明白开凿这条

运河边的伟岸男子

郭守敬，元朝著名的科学家，他数学极好，还掌握了丰富的天文学知识。
他制定的《授时历》，是当时世界上最先进的一种历法。

他还是个水利专家，深受元朝皇帝忽必烈的器重。
皇帝让他做都水监事，掌管各地河渠的修整和管理工作。

为了方便漕运的船只来到大都，忽必烈命郭守敬开凿通惠河。
郭守敬利用地形的高低落差，设计出了长八十余千米、有二十个闸口的通惠河。

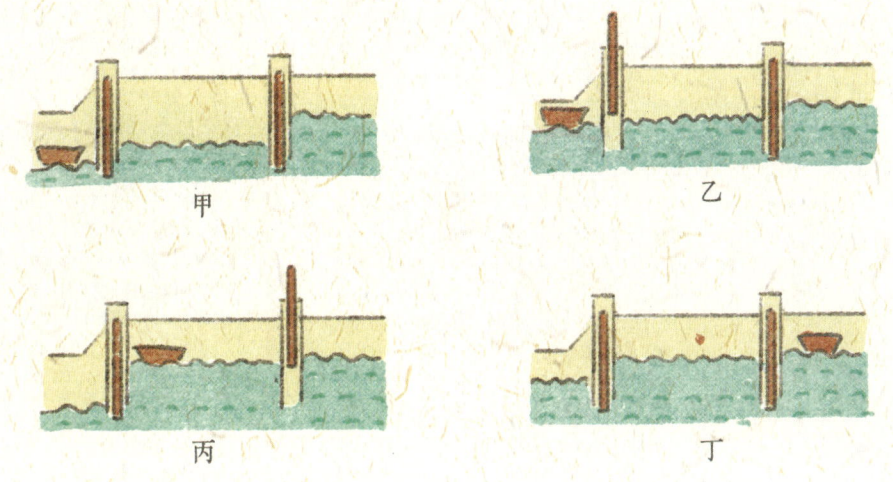

甲　　乙

丙　　丁

河的意义所在，直到大批漕船从南方轰轰烈烈地下水，我才意识到自己身上的变化：我再送人们从杭州到大都，已经不用走任何弯路。和隋朝那时候相比，我可以足足少走九百多千米呢。

新的路线孕育了新的码头，京城内的积水潭原本没什么船只来往，这之后却繁华得不得了。如果你从岸上看，甚至只能望见挤在一起的船只和货物，形成"舳舻蔽水"的壮观景象。

积水潭还是皇家的洗象池。被蒙古骑兵彻底震慑后，周边的很多国家都来元朝廷朝拜。它们献上的贡品除了珠宝、香料，还

大运河第二次大贯通

元朝建立时，由于多年的战乱和常年的黄河泛滥，运河航道缺少维护，淤积堵塞。为了让国家稳定发展，元朝皇帝急需修整一条沟通南北的运河。

会通河的开凿，让大运河不再经过洛阳等北部河段。大运河直接沿南北方向直行，缩短了九百多千米的航程。

甲加乙大于丙

有大象这样珍奇的动物。初次推着那些大家伙往都城去的时候，我可是被它们的叫声吓了一跳。不过后来，大象们就作为运输工具和宫廷仪仗队使用，我时常见到它们，也就不再新奇了。

在浪花陪它们玩耍的空当，我总会想起当初那个带着随从、英姿勃发的草原汉子。现在，他已是一个七十三岁的老人。他的脸上有了皱纹，背也一天天地弓下去。因为朝廷上繁杂的事务，他常常阴沉着脸，满身酒气……几年之后，新的皇帝便坐上了龙椅。

而我则继续顺着那个男人为我规划的路线，静静地流淌。

通惠河的开凿，让来自南方的漕船能直接抵达大都城内，实现了运河的第二次大贯通，让航运业再一次繁荣。为了让运河更加通畅，维护因淤积而毁坏多年的南运河也十分重要。于是元朝的人们做了不少工作。

开凿新的河道，调取水源。

建造水闸，调节水势。

修筑堤防，通过种树加固堤防。

但这一系列工程并没有解决运河的淤塞问题。漕船到了南旺这一处河脊，仍需要人力牵拉船只。这个问题直到明朝修建了南旺枢纽工程才被解决。

第八章 漂来一座紫禁城

听说人们最近越来越喜欢故宫文化了，是吗？从前那座红墙黄瓦的宫殿是一座百姓不可出入的"禁城"。皇帝黯然离开后，它就变成旧时的皇宫——"故宫"了。看到大家如今能够自由出入，信步游览，我真是打心底里为时代的进步而高兴。

我对皇宫内院的故事不怎么熟悉，但不管你相不相信，我和紫禁城之间有着很深的缘分。我甚至可以毫不心虚地告诉你，整座紫禁城都是靠着我一路"漂"到北京的。

确定国都的事明成祖想了很久，但对于百姓而言，所有的变化都发生在一瞬间——永乐四年（1406年），朝廷下令在元大都的基础上营造新都。天底下的好东西从此刻开始，都要往那里运了！

如果你要问运了哪些东西，那我只能告诉你，在长达十余年的紫禁城建造时间里，我运送了你能想象到的所有东西。

紫禁城的采购清单

来自山东、江苏等地上好的砖。

来自四川、两广等地优质的木材。

丝绸

粮食

鱼

水果

来自南方的生活用品与粮食。

随便走进紫禁城的一座宫殿,看一看支撑它的那些木料吧,它们都曾经被我的浪花拍打过。

为了在运输过程中不被水流冲散,这些巨木会被几根并在一起绑成木筏或木排,在我的身体中漂流。这些木筏和木排逆流而上时,就需要数以千计的纤夫拉着才能向北行进。最强健的纤夫拉上这些沉重的巨木,一天最多也只能走上几千米路。不论天气如何,那沉重的绳子只要一搭在纤夫身上,我就能看见汗珠从他们脸上成串地落下。

木材虽然能浮在水上,但因为

路途过于遥远，运输起来难度很大。被喊着号子推进河里之后，它们的"漂流史"短则两三年，长则四五年。有不听话的，还会脱离值守人员的控制，跟着漩涡溜走……

对于建造紫禁城所需石料的运输故事，我的了解稍少些。因为皇室最常用的汉白玉、花岗岩分别产自北京西南郊和河北曲阳，这些石料大多采用陆路运输。但由于它们最后都会被运到通州一带储放，所以这些石料的运输方法我也略知一二。

明朝时科学技术还不发达，没有起重机、卡车这些机械手段辅助，人们只能依赖自然的力量。于是，一到千里冰封、万里雪飘的冬天，人们就会沿路打井，把井水泼在地面，待井水结成冰时，再把那些硕大的石头推到冰上滑行。如此一来，人在前面拉拽就会轻松很多。

今天，你走到故宫保和殿的后方，能看到一块由整块汉白玉雕刻成的丹陛石。这块丹陛石是紫禁城中最大的一块汉白玉石雕。它便是通过我上面说的方法一路"滑"到京城的。休看它上面的神龙腾于空中，恣意飞翔，当初重两百多吨的它可是小山似的压在地上，让民工们费尽了力气。

砖的运输故事又与石料不同。巨石难在运输，砖则难在烧制；石料多走陆路，砖则多走水路。回想那段忙碌的岁月，临清贡砖和太湖金砖给我留下的

> 汉白玉是一种名贵的建筑材料，它洁白无瑕，质地坚实而又细腻，非常容易雕刻，古往今来的名贵建筑多采用它做原料。中国对于这种石料的挖掘开采起码可以追溯到汉代，唐代也非常流行使用这种石料。唐代南诏时期，当时修建的大理崇圣寺三塔就已采用精美的汉白玉雕刻制品，而且具有较高的工艺水平。

印象最深。

我经常能见到临清砖的身影。营造紫禁城的时候,它们会由过往船只捎带到京城。烧制好的临清砖要逐一接受检验,敲和看是主要的验收方法。那些敲之有声、断之无孔的砖会用黄表纸包好装运上船。这些砖运送到天津后,验收者会候在那里,对贡砖进行第二次敲验。敲出来的声音不对,或是有其他质量问题的砖,就会被送进西沽厂,再无进京的机会。

金砖润如墨玉，光滑耐磨，适合作为地砖，但因其制作工艺很复杂，紫禁城中只有太和殿、中和殿、保和殿的地面铺上了金砖。这些砖上有明永乐、正德与清乾隆等年号，以及"苏州府督造"等印章字样。为了防伪和追责，金砖的背面还刻有工匠的名字。

金砖北上时也会坐运粮的漕船，但是它之所以让我记忆深刻，纯粹是因为它的稀有。单是选料一步，工匠们就需要进行掘、运、晒、捶、舂、磨、筛七道工序。之后的制坯、装窑等工序，更是需要步步小心，因为出窑时一旦有六块金砖不能敲出金属之声，整窑金砖就得作废。

还记得我曾经提到过的终点站吗？你要是对上面的砖、木、石感兴趣，就去那附近逛一逛。为了保护这些不是金银胜似金银的东西，朝廷在那里设了砖厂、皇木厂等一系列机构。很多村庄今天仍以那些机构命名。在那里漫步，你或许能见到几块未来得及运往皇城的汉白玉。它们像是一群迷路的巨人，看不到外面的

繁华街景，也回不到自己的深山老林。没有人再为它们泼水成冰，小小的村庄里那些被人遗忘的角落，大概就是它们最后的归宿。

巨木、砖瓦、石料、大米、食盐、茶叶、棉布、丝绸、织锦、瓷器……紫禁城的备料和建造时间加在一起，前前后后用了将近十五年。在我两千多年的记忆里，这也就是一瞬间。

一瞬间，漂流在我身上的那些材料就变成了一座座金碧辉煌的宫殿。

可惜啊，京郊就是我的终点，我帮助人们运来搭建紫禁城的材料，却没能亲眼看一看里面的样子。听了我的故事的你，请带着我的心愿再好好游览一番紫禁城吧。当你了解了那一砖一瓦的来历，明白了这项浩大的工程是如何完成的时，你一定能够更清晰地感受到紫禁城的心跳，感受到整片中华大地的心跳。

第九章 是灾星还是倒霉蛋

水——这种清凉的液体宛若柔性子的少女，人们修出河道，她便温顺地沿着既定的路线奔跑。但是有的时候，水又像青春期倔强的小伙子，任性地到处漫流，任百姓怎么哀求，他都听不进去半个字。

这是水的本性，也是我的本性，因此当忽必烈大手一挥，将我"扳直"成京杭两地的直通线时，我并不能帮着他们解决河道淤塞的问题。即便是水利专家郭守敬一手测量、打造的那条会通河，水位也时常不听话地落下去。漕船经过的时候一旦搁浅，百十条船只就一起堵在那里。

"真是倒了霉哦！"不知道从哪一天起，我开始听到岸边的人把我与霉运联系了起来。

我细望说话的那些人，发现都是一些熟面孔。他们都是在运

河边长大的孩子。十几年前,我还用浪花拍过他们的脸蛋呢。可是现在,他们已经成了一个个肤色黧黑的大人,在我的身旁拉纤谋生。漕运紧张时,他们不仅要忍受白天太阳的暴晒,晚上也要喊着号子,在夜空下拖动硕大而沉重的粮船。

他们的汗珠一颗颗地落下，我的泪水也一直潸潸地流。我何尝不想把水蓄起来，让船儿们顺利地通过呢？可是也不知怎么了，我体内的水总是被身下的土地所支配，他仿佛在对我低声暗语："别听人们的话，朝那边流，朝那边流。"

除了纤夫们的埋怨之外，我有时还被唤为"灾星"。

我贯通着长江、淮河、黄河这几条古老的河流，几位兄长水文条件各不相同。当初为了让我们不起冲突，人们设计了各种复杂的水利设施。可即便如此，在"地上悬河"黄河那里，我还是出了问题：黄河水的泥沙涌入我的身体，时常让我堵塞；而黄河决口，一溃千里时，我往往也无法再执行漕运的任务。

还记得明代的时候，主持水利的官员为了保住我，曾经不断地抬高淮河水位，让淮河水灌入我的身体，冲刷黄河带来的泥沙。结果淮河的水位一路猛涨，最后不受控制地漫过了自己的堤岸，把著名的泗州城都给淹没了——因为一切都是由我而起，有的人就把这些罪过算在了我的头上。

那段时间我消沉极了，觉得未来一片灰暗。然而幸运的是，"汶上老人"的智慧拯救了我，让我的身上开出了南旺枢纽工程这朵奇葩。

一开始着手处理我的问题的不是"汶上老人"，而是工部尚书宋礼。他魄力惊人，足足调来二十多万名民工来清理会通河一带

运河的"水脊"

工部尚书宋礼奉命疏通会通河时遇到了民间治水专家白英。白英建议将会通河河道上的最高点南旺镇作为分水点——水脊,并建设南旺枢纽工程。

的淤泥。在他们的挖凿下,我感到堵塞已久的血管终于开始一点一点地变得干净,变得通畅。

然而慢慢地,宋礼却陷入了惶恐和不解中。他发现会通河虽然被疏通好了,但河里的水却依旧不够。这样下去,皇帝必因人力物力的浪费而问罪于他!

还能怎么办呢?他只好换上百姓的衣服,寻找一切可能救自己,也可能救这条会通河的人。

就这样,宋礼找到了"汶上老人"白英,"汶上"是地名,"老人"是他的身份:运河上率领十余名河工、管一条船的头儿。

之前我对白英的印象是模模糊糊的,只记得他干活歇息的时候,经常沿着河岸一边走,一边自言自语,有时候则呆呆地看着我,不知道在想些什么。直到白英被宋礼恭谨谦逊的态度打动,全盘托出自己方案的那一天,我就什么都明白了。原来这几十年间，他一直在思考与我有关的事。据他所说，我的问题其实都出在错误的分水点上，会通河道真正的"脊梁"不在济宁，而在南旺。想要拯救会通河，就需要在南旺分水，然后引汶济运，挖引山泉，修建戴村坝……

宋礼因疲惫而泛着血丝的双眼顿时一亮，再看我时，他的脸上满是希望的光芒。

在这之后，白英便拿起了修整会通河的"手术刀"。他不仅引来了汶河水，造起了戴村坝，还在我的身上加上了一个神奇的"石拨"。我不懂它的原理，但自从这个鱼脊似的东西出现在河底，

任务一　利用天然的地形，在南旺镇附近修建分水口。

任务二　利用附近的湖泊，在丰水季蓄水，在枯水季排水，为运河修建『水柜』。

任务三　设计一系列闸坝，用来调节水量。

我就感觉体内的水流会随着它的方向产生变化。后来运河两岸流传着一句话，叫作"七分朝天子，三分下江南"，讲的就是分水枢纽的分流比例。

> 明代还有一位了不起的水利专家，叫潘季驯。他前后担任了四次河道都御史，发明了"筑堤束水，以水攻沙"的方法。

勘察、计算、画图、施工，不断地重复……七八年后的某一日，我终于看到白英停下了奔波的脚步，穿着新衣服来到了我的身边。我知道，那是宋礼要带着他回京复命、领受封赏了。

于是我抚平自己的波纹，努力地让自己变成了一面天然的镜子。可世事无常，我所照出的人影，居然成了"汶上老人"人生的最后定格：在复命授勋途中，白英因劳累过度而呕血去世。

经过后人为白英所建的祠堂时，如果你感到一阵风吹过——那可能是我的叹息。

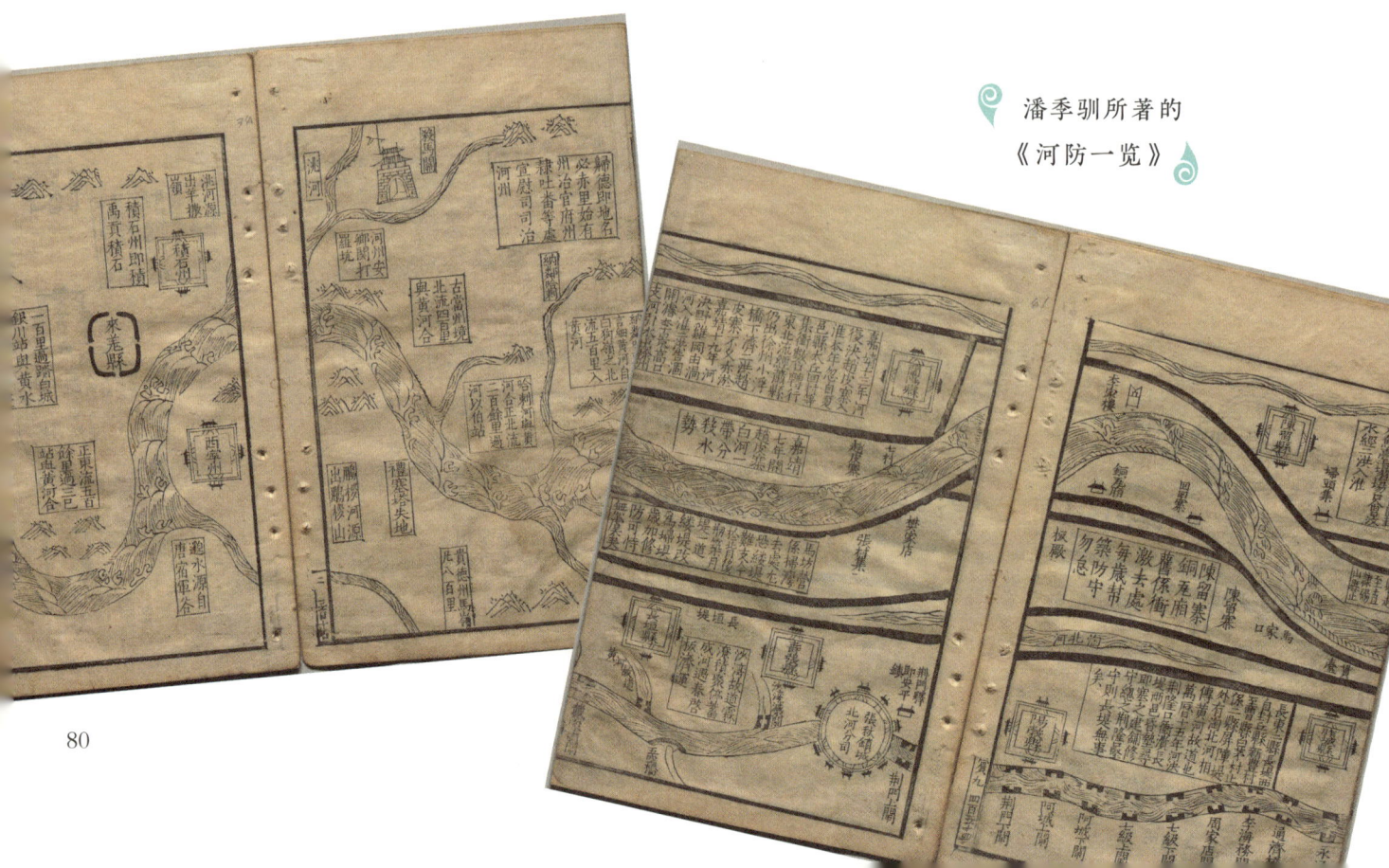

潘季驯所著的《河防一览》

第十章 跟着皇帝游江南

清乾隆四十九年（1784年），乾隆帝七十三岁。我记忆里英姿勃发的少年全然不见，此时坐在船上的，是一个头发斑白的老人。

从吴王夫差派河工凿下第一铲开始论起，乾隆帝也算是和我最熟的一位帝王。他一生沿着我游览江南六次，次数足足是隋炀帝的两倍。1784年他最后一次南巡时，我早读透了他的品位。小吏还未在《起居注》上下笔，我就能猜到这位天子巡游时将要到哪里观赏，将要吃哪道名肴。

这一次，我依旧以同样的力道推着龙船，河岸两侧的风景也与从前一样。但不知怎的，抵达我最南端杭州的时候，乾隆帝却颁布了总结自己帝王生涯的《南巡记》。他好像有某种预感，预感到自己不会再进行类似的江南之旅了。

很多人似乎都对烟雨蒙蒙的水乡有种情怀，但囿于生活，他们的双脚总是停留在原地。这些年我从风那里，从鸟儿那里收集到了太多类似的心愿，那么想去江南而不得的你，不如这次跟着年过古稀的乾隆帝，来一次江南之旅吧。

柳枝摇动，鸟儿们在枝条间飞舞着，发出清脆的叫声。我揉揉眼睛，看到一众下人忙碌起来，便知道乾隆帝已经起床了。又过了半晌，他便穿戴整齐地走了出来。鸟鸣牵住了他的目光，他望着身边的山水园林，一时间有些醉了。

和他的祖父相比，乾隆帝下江南虽然也有政治目的，但他对江南图景中的美学意境更为关注。每次南巡，他都会为大自然，为音乐，不停地吟诗作对。

作为皇帝，他和儒家文化所培养出的大多数士人一样，整日思考的都是有关经国济世、思想教化的东西。然而踏上江南这片土地，他却得到了喘息的机会——对岸的一位农妇正在我的身边搓揉着脏衣裳。与她粗糙、打满补丁的衣裙形成鲜明对比的，是她发间那朵刚刚折下的花。

是的，我每日奔走于南北之间，看过我身边各处百姓的日常生活。江南的市井生活，往往更有一种诗意的氛围。也是在清朝的时候，有个叫李渔的文人搬到了我的身边来住。他的《闲情偶寄》中便说了，贫寒人家娶了媳妇，也应该种树栽花，以备媳妇簪花之用，在这件事上可不能寒酸。

[清]徐扬《乾隆南巡图》

明末清初诞生了一个叫李渔的文学天才。他住在杭州的运河边写出了不少有名的剧本和小说，其中最有趣的创作要数《闲情偶寄》。这本书里装满了李渔的生活情趣，例如如何煮出精致的小菜，如何画出迷人的眼妆，怎么设计出剧本的高潮，五花八门的技艺都在书里一一道来。

我不知道人们听了这些会作何感想，但作为一条流淌了几百年，看惯了人间悲喜的河，我认为他说得有道理。如果男人只知耕种收割，女人只知纺丝织布，所有人只知道活着而不知道如何生活，那他们岂不是过得还不如来我身边饮水的鸟兽吗？鸟兽们还经常追逐嬉戏，享受大自然恩赐的美景呢。

乾隆帝的诗词功力不是太好，但他每次来到江南，都会即兴赋诗，因此后代有很多人批评他"附庸风雅"。可是我觉得乾隆帝来到江南后，能体味到生活之美，并尝试着把自己的生活自然而然地写成一首诗，这不是很好吗？

既然说江南是诗，那么是什么意象组成了它呢？是柳，是竹林，是芦花……对了，还有以我为代表的水。对于我而言，江南这片土地热闹得很，每一条溪流和小河都是我的伙伴，即使彼此不相通，他们也会拜托白云为我送来问候。与古镇相伴的河的故事最多，像是乌镇的西市河、周庄的后港河，里面都融入了一代代水乡人的记忆。

乾隆帝什么时候在什么地方休息都是经过事先规划的，但是你沿着乾隆帝的路线游览江南时可就自由多了，完全可以获得超越古代帝王的体验。比如去那些傍水的古镇饱览一次夜景。今人发明的电灯比宫里节日挂的彩灯艳丽太多，旧式的楼房和古老的拱桥缀上灯光，既创造出一种梦幻的感觉，又没有破坏古镇的那种韵味。

带着一种诗意，江南的菜也做得精致。乾隆帝来江南时不仅有随身的厨师伺候，还能吃到各地官员敬奉上来的各种佳肴。比如说苏州织造普福，他当时在早膳时给乾隆帝送上了一份万年青炖肉、一份燕窝鸡丝、一份青笋糟鸡、一份鸭子火熏馅煎黏团，

在大运河沿线的扬州、淮安一带流行着一种菜系——淮扬菜，是中国的四大菜系之一。淮扬菜以江湖河鲜作为原材料，注重食物本来的味道，讲究刀工和火候。

还有用银葵花盒和银碟盛装的小菜。

还好我是一条穿越千年、见多识广的河，若是换一条新形成的小河，一定会被那香味勾得波涛翻滚。

用完膳，乾隆帝放下筷子，照例把余下的菜赏给皇后、贵妃等人。他环顾了一圈身边的山川美景，又向紫禁城的方向极目远眺。我知道，是时候推着他们北归了。

乾隆帝不会再来江南，但江南会一直守在这里，接纳每一个想要歇一歇脚、静一静心的行人。我也愿意用尽自己的每一分力，推着来自各地的你们共赏江南的山水之情。

乾隆帝六次下江南的秘密

乾隆帝是清朝历史上一位有名的皇帝，他曾六次沿着运河来到江南，留下了不少有趣的故事。但乾隆帝的这六次出行，可不只是游山玩水。

采风之旅

乾隆皇帝爱好诗词，来江南看到处处美景，激发了他的创作灵感。

现场招聘

江南有很多才子，乾隆皇帝一路上还招聘了不少人才。

支援救灾

洪水袭击江南的时候，乾隆皇帝主持救灾并减免税赋，帮百姓渡过难关。

检查工作

乾隆皇帝六次下江南，其中五次亲临黄河视察水利工程的修建，还多次到现场监工。

带妈妈旅游

乾隆皇帝是有名的大孝子。他一生六次南巡，其中四次是携太后同行，一路上陪伴母亲游山玩水，照顾有加。

第十一章 皇城根儿下好风景

近些年，人们向联合国教科文组织递交了不少文件，让我成功加入了"世界遗产"的行列。我和长城类似，从远处看像是长长的飘带，所以人们同样采用了"点段申报"的方式，申报时只在河道上择取几颗"明珠"、几段"纹样"。

但是乘着我的波涛观景的时候，你可千万别把这些"点"和"段"从我身上剥离出去。我所沉淀的故事是具有生命力的，即使

是南北方迥异的文化，也因上千年的交通往来而不可拆分。你想走进那些风景的话，我就分城市地和你说一说吧。把城市中散落的点、段重新用丝线连起来，你也好看清我完整的模样。

"三国纷纷民不安，东吴西蜀汉中原。曹操占了中原地，皇叔刘备驾坐西川。"

三弦声起，台上人轻持鼓槌，一张口，便将所有人带入战火纷飞的历史里……你猜得出这是什么吗？没错，正是从清末民初流行起来的京韵大鼓。

第一站，我带你去皇城根儿下瞧瞧。作为我的北部端点，北京的音乐、工艺、语言、饮食、民俗等都受到了我的影响，我的身上流淌着的故事，也因它的存在而得到了极大的丰富。

我在北京的部分包含两段河道和多个遗产点，两段河道是指通惠河通州段、通惠河北京旧城段（玉河故道），遗产点则是高粱闸、什刹海、白浮泉遗址、广源闸、平津闸、永通桥及石道碑、张家湾城墙及通运桥、南新仓等。我们按

照由远及近的顺序,先去东南方向的通州。

通州是南来北往的码头,交通枢纽的特色在通州八景之一的"柳荫龙舟"上得到了充分的体现:从元代开始,一群群文人就在此处迎来送往,观赏唱和。古代的文人雅士有离别时折柳相送的习俗。开始,出现在诗中的还是几株低垂在岸边,与远处的牛羊相映成趣的细柳。到了明初,通州黄船坞就已是"官柳荫映"了。

潞河舟中作	柳荫龙舟
〔明〕陈师	〔清〕戴璿
夹岸垂杨青可怜,出门仍是葛衣天。	长夏浓阴分柳色,
乡书不到东吴雁,客梦重寻潞水船。	满江瑞霭护宸游。
季子貂裘无那敝,王乔凫舄几时旋。	丁宁陌上还培植,
年来作客浑南北,囊底曾无贯酒钱。	不是河桥送别秋。

除了赓续传承的送别诗,通州的民间艺术也是精彩纷呈:听着运河号子,壮硕的小伙子们合力拉动身后大船的画面好像就在

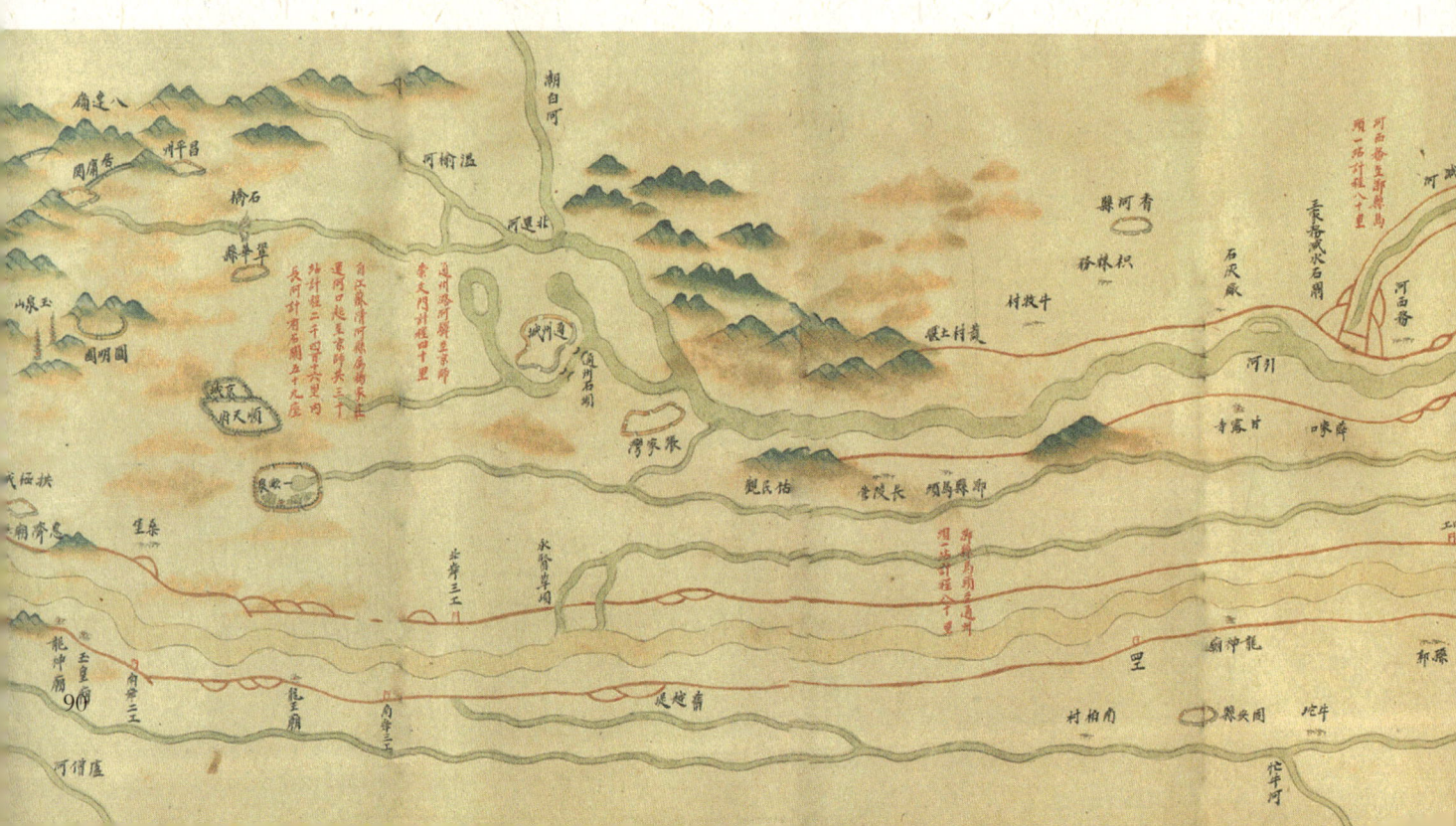

眼前；拿着"面人汤"的作品，存在于传说中的神仙妖怪似乎来到了你的身边。我最喜欢这些玩意儿，每当人们唱着，笑着，闹着，我就感觉仿佛有新的花朵在我这条旧锦缎上绽开，我再流淌在古老的河道里，甚至也会多几分力气。

玉河故道与通州段不同，人们路过的时候不必眷恋它过去的样子，因为现在玉河的风景才称得上"上佳"：由于水源枯竭，曾

清朝，涌现了大量关于运河的地图。这不仅是因为当时不断发生的水灾，还因为当时的皇帝十分重视河流的治理与运河工程的建设。

清《京杭运河全图》中的北京通州段（局部）

经与其他水系共同组成"六海映日月，八水绕京华"（六海包括北海、中海、南海、西海、后海、什刹海，八水包括通惠河、北护城河、南护城河、筒子河、金水河、前三门护城河、长河、莲花河）图景的通惠河玉河故道从明朝便开始枯竭，若无及时治理，我现在仍要忍受那里的浑浊和恶臭。

此时再去玉河边，哪里还看得到旧时那条臭水沟？一条绿荫环绕、水清鱼跃的玉带重现在大地上，穿起了下面三颗明珠——什刹海、万宁桥和东不压桥。

这三个地方在我心里没有高下之分，但更为人所熟知的，应该是孕育了繁华街区的什刹海。不过，我在回忆什刹海的时候，总是会越过活跃在明清时期的"川陕豪商、吴楚大贾"，回到铁蹄声响的13世纪。那时，蒙古骑兵刚刚攻陷金中都，如果没有什刹海的碧波荡漾，那么忽必烈就不会放弃旧城，而选择在东北郊另建新都。

北京有条神秘的线

正阳门

正阳门大气恢宏，是内城九门之首，只有皇帝可以用。正阳门的屋檐上住着毅力惊人的北京雨燕。每年立秋之前，它们会不停歇地飞上上万千米，到达非洲的最南端过冬。

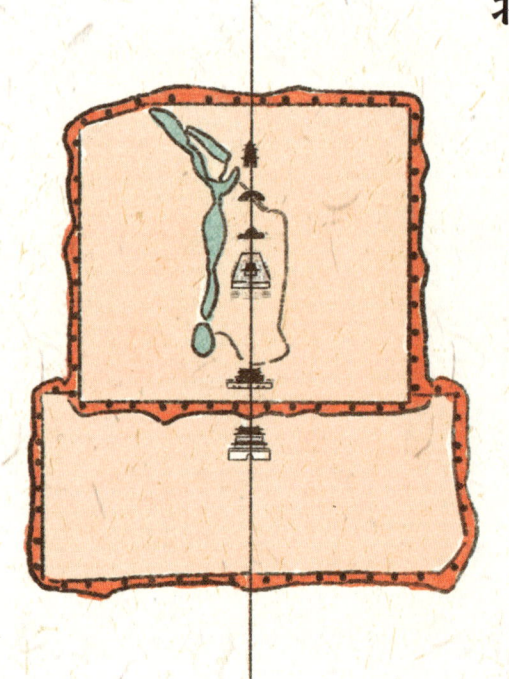

紫禁城

　　紫禁城的前部是皇帝上班的地方，后部则是皇帝和家属休息的地方。古时的人们相信天上的天帝居住在紫微宫，那么地上的皇帝居住的地方也要叫个差不多的名字。由于封建皇宫在古代属于禁地，一般人不得随意出入，故称为"紫禁城"。

景山

　　明朝那会儿，为了给紫禁城挖护城河，河里的泥土便在城后堆积成山。明朝人称其为万岁山。清朝时这里被改名为景山，皇帝命人在这里修建精致又对称的园林。

万宁桥

　　北京中轴线上最古老的建筑就是万宁桥，镇水兽趴在桥旁的岸边守护着城市。

鼓楼

　　古时候鼓楼负责报时，告诉人们作息的时间。

刘秉忠也不会按他的吩咐，在什刹海东边设计出一道闻名天下的中轴线。换句话说，什刹海是元大都规划设计的最基本的依据之一。

没有这条中轴线，元大都乃至后来的北京城会是什么样子，即使是经历过许多次王朝更替的我，心里也没有定论。

至于万宁桥和东不压桥，前者位于中轴线上，桥上的大街贯穿南北，桥下的通惠河流通东西，有行船陆运之便利，自古以来就是繁华之地。后者则呈东西走向，虽然桥体本身已经被湮没在历史中，但现在的东不压桥胡同的名字仍昭示着这座桥的存在。岁月磨蚀了它们精致的轮廓，但磨不去它们在历史长河中泛起的阵阵涟漪。

流水潺潺，京韵悠悠。去北京看看吧，在遗址、故居中读漕运、品京味儿，千舟万帆凝集成的文化如同枝头上沉甸甸、红彤彤的果子，正等着过路人采撷。

> 万宁桥下的镇水兽，长着龙头、鹿角、长尾和麒麟爪，是龙生九子之一，生性喜水，镇守河道，以捕食河妖为食，为保佑一方风调雨顺的吉祥之神兽。

万宁桥镇水兽

第十二章 丝绸何处来

我护运过坚硬至极的石料、钢铁，金石相撞迸发出的声音激荡在我的波涛中。我也输送过轻薄无比的丝绸，将它展开，那光滑柔软的质地，恰似晨光里缓缓流淌的一泓溪水。丝绸上缤纷的织绣，就是两岸的密草繁花在我身上的倒影。

丝绸的历史比我还要绵长。自我有记忆以来，产自江南的丝绸就不断搭上船只，走入北方富裕人家的庭院。然而逆着这条航线追寻，名扬四海的它究竟从哪座城市来呢？

那就是我的起点——杭州。它从杭州开始，就踏上了漫长的旅程。

"千里迢迢来杭州，半为西湖半为绸"，杭州的丝绸已经被世人追捧了上千年。美人西施在遇到我的首位开掘者夫差之前，相传就曾经在越国养蚕、浣纱、织帛——这样说来，我感觉有西湖，有丝绸，有我的杭州，倒真是一座柔软的城市。

杭州产丝的历史至少可以追溯至四五千年前的良渚文化时期，然而直到隋朝大臣杨素调集民工筑杭州城，隋炀帝进一步开凿了我的河道之后，杭州的丝绸买卖才开始兴旺起来。好像只是眨眼的工夫，我就看到杭州从江滨小邑变成了热闹的城市，丝绸也一下子越过了山山水水，进入了皇家的殿堂。

待到唐末五代十国时期，这些精美的织物就走得更远了。它们不仅顺着我来到运河两岸的各个城市，还沿着陆路走到西北边陲，进而远销到了中亚各国。

因为销路不愁，又连续很多年没有旱灾和水灾，丝绸之风越刮越盛。还记得那个时候，杭州不但农村家家户户种桑养蚕，而且城市的街头巷尾也都栽满了桑树。春天一到，少女们就会跑出来采桑叶，她们的说话声、笑声从枝叶间传出来，就像是一群叽叽喳喳的黄鹂。

江南的悠然大抵就是在那种盛世中形成的吧。即使是脚步日渐匆忙的当代，你也可以在杭州的许多地方放慢自己的节奏，比如去喝一碗小钵头甜酒酿，经过发酵的米粒甜甜的、糯糯的，满是时间的芳香；又或者，你可以挑一个午后去茶馆听听小热昏。这种表演历史不算很长，但融入了当地的民歌、戏曲之后，又别有一番风情。

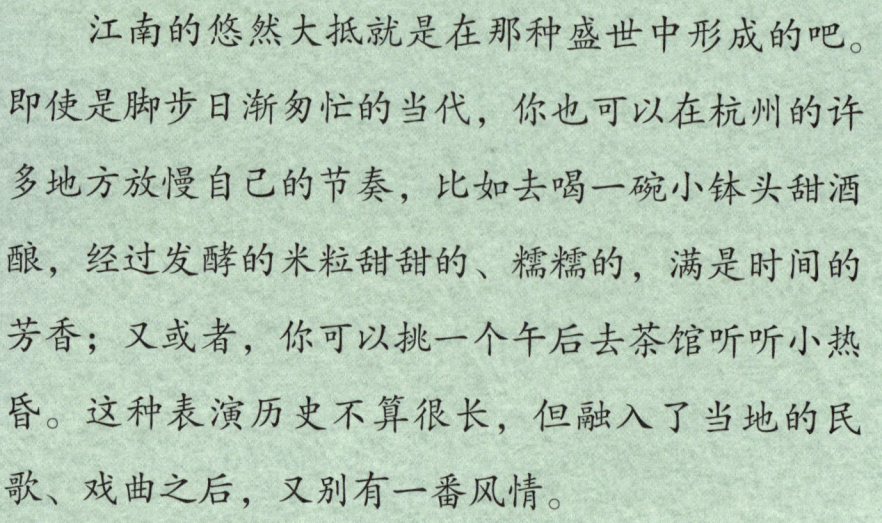

运河飘来音乐声

小热昏

小热昏是流行于江浙沪一带的民间曲艺形式。表演者敲击着小铜锣又说又唱，简单又幽默，被观众亲切地称呼为"小锣书"。

昆曲

有着六百多年历史的昆曲，经过明代戏曲音乐家魏良辅的细细琢磨，创新出了一种优美的"水磨腔"。优美的昆曲很快沿着运河向北传播，大受欢迎。连乾隆皇帝南巡时都欣赏过好几次昆曲。

柳琴戏

山东一带的运河边还流传着一种用柳叶琴伴奏的柳琴戏。当时，运河带来了络绎不绝的人流，柳琴戏的表演者用明快的曲调、花式的唱腔，征服着来到运河边的游客和商贩。

宋廷在杭州设立管理海外贸易的机构——市舶司后，丝绸业在这片土地上达到了鼎盛时期，并一直持续到元朝。如果你不相信我的话，还有位外国友人马可·波罗能用自己的游记帮我做证。他的书里写道，杭州是盛产丝绸、人人身着华服的"世上最美丽华贵之天城"。除此之外，他还记录了当地丰足的物产，仅菜蔬果实一项，就有每颗重至十磅（约4.54千克）、肉白如面、芬香可口的大梨。在其他季节还有黄桃、白桃，全都口味极佳。

京剧

京剧的诞生和运河有着密不可分的关系。据说乾隆皇帝八十大寿时，官员们召集各地戏班来给皇帝贺寿。其中来自扬州的徽班"三庆班"，用豪华的阵容、出色的演技得到了皇帝和百姓的喜爱。此后又有众多徽班沿运河入京，他们吸收沿途各地的戏曲特色，打磨出了京剧的雏形。

99

且不顺着那位外国友人的游记继续谈元代的杭城，我们继续说丝绸的故事。明、清的时候，杭州产的丝绸披上了另一层华彩，因为制作龙袍的织染局就设在苏州和杭州的交界处。我还记得那时候，官营的、民营的绸坊充斥着大街小巷。人们走在街上，经常会遇见说着一口方言的外地人。他们满面风尘，有的赶着马车来，有的坐着船由我送来，绝大多数人的车上和船舱里都装着同样的东西——浙东的丝绸。

岁月的指针嘀嘀嗒嗒地旋转，今天再去探访丝绸留下的印记，看到的风景应该是大不一样了。现在遍地是住宅区、写字楼的东园巷、闸弄口一带，曾经分别是熟织物、生织物的大厂。彼时日日夜夜的织机声，不知何时已经无处可寻。我仍然承载着航运的功能，但你若是在夜晚登上水上巴士，在宝善桥、仓河下看到的将是缤纷的霓虹夜景，而不是相互交映的渔火和树影。

运河边的手艺人

春秋战国时期，运河边的纺织业就十分发达。齐国生产的衣服更是获得了"冠带衣履天下"的美誉。

隋炀帝三下扬州用彩锦当船帆，船队绵延了二百多里。这说明当时的织造工艺十分成熟。沿着运河，南方的纺织业也逐渐繁荣起来。

但丝绸还在。

与丝绸相生相伴的杭州也在。

修缮一新后的小河直街依然人声鼎沸，老街坊们仍在一起串门、聊天、打牌、晒太阳；小时候在码头边跑船干活，和我混得分外熟悉的小娃娃们，现在有的当上了水上巴士的司机，带成百上千的乘客游览我这里的景色，有的成立了航运公司，运出的商品动辄百吨。此外，这里还有热气腾腾的片儿川，藏品丰富的各式博物馆，闻名天下的名胜古迹，现代感十足的雄伟建筑……总之，杭州是一座充满生气的城市，它依然能够驱动那精美的织机，织出经济之缎、文化之缎。

宋元时期，一些农民开始将纺织作为主要的工作，组成了成群结队的机户。更出现了纺织家黄道婆，她改良了机具，极大地提高了棉纺织的效率。

明清时期，纺织业的手艺人开始出现了分工，还出现了商人们购买机器、雇佣织工来帮忙的景象。

第十三章 那些船的家

陪着我一起忙碌的人们有自己的家,他们的父母、爱人、孩子守候在屋檐下,为他们拂去一路的风尘。

奔波在波涛中的船也有自己的家,它们在码头处静静地摇晃,看着不远处潋滟的波光,享受光阴中的自在和清宁。

当你向那些船只提起"家"这个字,很多船的船头都会暗暗往南方的某个地方倾斜。那是它们用自己的方式在向家眺望,思念那座充满水和温情的城市——无锡。

我在无锡城区段的部分自北面的吴桥起,至南门外的下甸桥为止,只有短短的十一千米,然而这十一千米在天下人的眼中却非同一般。有人称我在江南部分的名景是"一环一弄堂",这"环"和"弄堂",就全为无锡所拥有。

环,是我拥抱这座城市的姿态。以线形为主的我途经无锡时

绕了一个圈，创造了"千里运河独一环"的奇观。"弄堂"，是无锡人在水的环抱中形成的文化。从南长街至清名桥的一千五百米河段上，粉墙黛瓦、高低错落的建筑将河道挤得狭窄而悠长，两岸居民隔着河边窗户的说话声融进水里，让我的这一部分充满了温情。

那么在无锡，船儿们的家是什么样子的呢？

我在这里千年未淤，终年畅流，因此这里形成了著名的四种码头：米码头、布码头、丝码头和钱码头。

米谷流通、交易的地方，古时候称为米市。对于很多南来北往的粮船而言，米码头就是它们的家。我对无锡米市最早的记忆停留在明朝万历年间，那时蓬蓉桥附近已经开始聚集起一批人。从他们的穿着打扮上，你能认出他们分别是客商、米行老板、搬

运工人、车夫……当然，也少不了生活在岸边，一辈子和船打交道的纤夫。他们这些人聚在一块儿，造就了兴旺的无锡米市，也让无锡米码头的称号声名远播。

布码头与米码头一样，名声都是在明朝的时候响起来的。开始，我还没有注意到这里纺布、卖布的风潮，直到某一天流过一处乡村，我听见机杼的声音从家家户户的窗户中传出。

是谁在纺布？此时

正是生火烧饭的钟点，忙碌在灶边的女子，不可能同时工作在织机边。我好奇地停在那里。直到那些妇人抬袖擦掉额角的汗水，端着饭菜呼唤那些神秘的织布者——哦，原来是家中的男主人。因为庞大的销售量，明清时很多男人也回到家中，干起了纺纱织布的行当。

到了明末清初时，无锡外销的土布已然达到了百万匹。船只们来时运粮，去时带布，

运河改变了沿岸农田里的作物

运河带来了便利的交通，也改变了运河边农民赚钱的方法。原本用来种植粮食的土地开始迎接新的作物，如桃子之类的水果、菱角之类的可食用的水生植物、染布用的蓝草、织布用的棉花等。

米码头和布码头无声地连在一起,把无锡的名字带到了五湖四海。

丝在无锡的历史就更久了,早在三千多年前,无锡农村就开始栽桑养蚕。到了元明清三代,船樯开始在我的身上高耸如林的时候,无锡"丝码头"的名号更是人人皆知。

今日你再去无锡,能看到中国丝业博物馆静静矗立在南长街上。它见证着中国"丝都"的辉煌历史,让后人仍能通过丝来触摸城市的肌理。

钱码头是随着米、布、丝产业的兴旺应运而生的,在它附近来往的船只虽然不似其他码头那般多,却有着别样的吸引力。清朝同治年间,我在城中只见到过几家钱庄,但二三十年之后,单是莲蓉桥两岸就有二十多家钱庄在经营兑换货币、发行钱票、吸收存款等业务。等到民族工商业发展起来,一个时髦的新机构"银行"开始出现在这里了……

船来来去去最终回到自己的家,无锡的商业便有了数百年的繁华。我很幸运能够和浩瀚的太湖、无数的河塘水泊勾连在一起,见证水文化是如何哺育了这座城市的。

穿行于水弄堂的时候,我也很高兴能见到那历经沧桑却依然存在的水乡图景：前门上桥逛街，后门洗菜下船，倚窗晾衣养花，靠岸下棋喝茶。这样的闲逸生活大抵也是我带给当地人的一点福祉吧。

运河推动造船业发展

春秋战国时期，造船技术迅速发展。春秋末期，吴王夫差开凿邗沟，对船舶的需求增长，促进了造船业的发展。

隋代时，人们不仅能造出很多种类的船，造船速度也十分惊人。

唐宋时期，造船业迎来了高峰，唐中期创造出了脚踏木轮推进船，这项技术领先了欧洲七百年。宋代，造船厂划分为官营和民营两大分支。官营的造船厂满足漕运和战争的用船需求，而民营船厂主要生产商船和客船。

明代是古代造船事业的高光时刻。明朝发达的漕运使得船舶需求激增，大大促进了造船业的发展。

第十四章 带我去海边

我已带你游历了华夏的许多地方，像是我北端的北京、我南端的杭州，还有我伸开双臂环绕的无锡。然而现在我还要再提起一个地方：宁波。因为这里是我的延伸线，我在这里实现了内河与外海的相通、陆上丝路与海上丝路的相连。然而，我在浙东的这一段连通着全球经济的作用却总是容易被人忽略。

很久很久以前，我就曾经带着许多艘航船从宁波来到海边，让它们驶入浩瀚的汪洋。有一种说法称，中国的英文名字"China"就来自船舱中的那些瓷器。

这段历史究竟有多久，我自己其实也记不清楚了。但是智慧的考古学家却从这里挖出碎片，补上了我心中残缺的那段记忆。那是1974年，那一年，人们在宁波的余姚江附近发现了几片腐朽发黑的古木。再向下挖掘，就是一件件的瓷器。它们有的来自越窑，有的来自长沙窑；有的通体青色，有的青釉褐彩……

当那块刻有"乾宁五年"（898年）的方砖出土时，我一下子便想起了开放的唐王朝。是的，那就是我带着瓷器拥抱世界的开始。这些瓷器通过宁波出海口进入海路，远销日本、韩国乃至北非、东非各地。

风高浪急，路途颠簸，瓷器这种脆弱的商品该如何安全抵达遥远的国度？其实不用担心，在进行海外贸易之前，那些商人早就积累了充足的经验。

一种有趣的包装方法

首先向瓷器内灌入适量土，撒入豆子或麦种。

然后把瓷器成件成套地放在一起，用土与少量豆子、麦种填满。

这样一来，只要时常浇水，土中的豆子和麦种就会生根发芽，相互缠绕，最终形成一个结实的土块。

唐越窑青釉瓜棱执壶

越窑是中国古代南方著名的青瓷窑系，是延续时间最长、影响范围最广的古代窑系之一，因此，被誉为"母亲瓷"。

开放的唐朝为世界带来了丝的缤纷、瓷的光洁，天南海北的"洋货"也由同样的路线被带到宁波海边的港口。这种交流到了宋朝已经达到了"商舶往来，物货丰衍"的程度。南宋《宝庆四明志》记载了一张进口清单，清单上的商品分细色、粗色两种，分别指贵重物品

和日常使用的物品。从高丽（朝鲜半岛上的古国）进口的商品就有人参、麝香、红花等细色，还有栗子、榛子、

紫菜等粗色。

在地理上沟通南北，在文化上辐射东西，贸易越兴盛，宁波城便越繁荣。仿佛只是一眨眼的工夫，我的身旁就出现了众多的衙署、官仓、会馆、寺庙、驿站，它们顺着我衍生出去，如同动脉分支出的血管。即使清代的禁海政策禁去了大半的帆声橹影，它们仍保持着喧闹。直到近代铁路出现，海上贸易重启，繁忙的河道才渐渐地平静了。

可是即使那些旧建筑消失了，很多桥梁、码头、村落仍坚守

依水而居，运河边的房子都长什么模样？

青色的院子

北京和天津等地住在运河边上的居民，都流行建一种以青色为主，搭配上砖雕与木刻的院落。

院落与天井

扬州和泰州等地住在运河边上的居民，他们会用院落串联起一间间房子。院子里还有横长的天井。

棋盘式的分布

江南等地住在运河边上的居民，他们会沿着河道与街市搭建出多层的楼房。为了防潮，房子的底层会有开放式的檐廊。

112

在那里，誓不随历史渐行渐远。

我与横跨水面的桥最亲近，就先说它吧。宁波有渊源的古桥可不少，林林总总数十座，但其中最有名的应当是"浙东第一桥"——通济桥。我记得宋代工人们运着木桩，汗流浃背地架起一座木质桥，它当时名叫德惠桥。到了元至顺三年（1332年），它便由木质桥改建为石砌三孔拱桥，改名为通济桥。桥旁石碑上题有"海舶过而风帆不解"，足见其高大雄伟的程度。

"舟楫之利，以济不通"，一座桥，一条江，总是会关系到许多人的生活。路过这样的桥，我会在心中默念它的名字，以期航路通畅，岁岁无忧。

因水而兴的村庄今日看来同样富有历史韵味。比如在因河坝得名的大西坝村，就能看到曲径通幽的长弄、古色古香的凉亭。虽然它同样因为海禁政策与新的运输方式的兴起而不复繁华，但这些古迹仿佛依旧在诉说着往日的故事。

宁波的风情，就来自于河水与大海的碰撞。在平静的河面上，我看见远古的水乡泽国，听见风从水面吹来，屈起手指轻轻弹动老街的木窗棂。

在汪洋之中，我也看见那些勇毅的身影。"百年宁波帮"借助外滩开埠的机遇走向世界，开启了一段辉煌……

宁波究竟是什么样的？一千个人有一千个答案。别再缠着我这个老人家问个不停啦，好奇的孩子，背上行囊，和我去一次海边吧。

尾声

"喂,醒醒!"

"现在已经不是我的时代了。"我在心中嘟囔着,翻了个浪花,继续安眠在河道上。

"喂,醒醒!"

谁啊?我不耐烦地看去,却看到了被灯光装点得五颜六色的城市。一艘货运船舶安静地等待着通航的信号。绿灯亮起后,他便发出沉闷的低吼,由发动机推着驶向远方。

唉,我真的是老了,一和别人讲故事,就会以为自己还活在从前,还在为淤塞、污染等老毛病头疼。事实上,现在我的生活已经大不一样了。你看,刚才叫我的就是一艘水上巡查艇。他是运河数字化管理保护工作的执行者。在过去几年里,这些水上巡查艇发现了好几起污水入河、生活垃圾乱堆的事件。

和我闲聊几句，巡查艇便哼着小曲跑远了。没一会儿，我又看到一位网格员沿着廊道走近。她是这一带的常客，我这里开展什么新工程的时候，她小鹿般的身影就会时常跳跃在两岸，随时检查工程质量和进度。

四下无人，她也会对着我倾吐一些心事。她说，她是在2014年决定要成为我的卫士的。"世界建造时间最早、使用最久、空间跨度最大的水利工程！多了不起呀！"她冲着我嫣然一笑。

是啊，那一年，我和"丝绸之路"一起入选了《世界遗产名录》。再之后，投在我身上的视线便越来越多，还有很多人和她一样，开始拿起笔装点我的容颜。我现在究竟是个什么样子呢？也许翻翻人们的相册，就可以找到答案。

也许，我是一席长宴。人们在我这里游览的时候，总喜欢寻找当地的特色味道。他们的相机里，定格了做成花卉瓜果、鱼虫鸟兽的太湖船点，乌镇白米、白面、白水酿成的三白酒，还有他们畅吃银丝面，对镜头露出的那一抹微笑。

也许，我是一帘好梦。在我的身边，一座座各具风情的民宿对天南海北的游客敞开了大门。人们时常利用假期，到我身边放松身心。到了新的环境，疲惫的身心仍然能够安眠，因为有我守护在他们的身边，用水声为他们哼唱一首摇篮曲。

也许，我是一座博物馆。剪纸、麦秆剪贴、手工盘扣……这些非遗工艺我都熟悉，过去千百年来，它们或兴或衰，我都看在眼里。但是现在，那些手艺人打破了师徒的传承，开始放手让更多人体会传统工艺的美。

还不止这些呢!那些驾驶着各种机器,许诺要让我恢复通航的小伙子,我可都记着呢。现在他们在北京、河北都取得了初步胜利。也许在不远的将来,我就可以完成自己"老当益壮"的梦想,继续奔跑在我热爱的土地上。

一觉醒来,时代变了。有越来越多的人对我进行着修复和完善,让我仍然能参与到这个时代中,讲述我的故事。

听,车水马龙之中有哗哗的流水声,那是我在讲述下一个故事了……

图书在版编目（CIP）数据

唤醒沉睡的大运河 / 马俊亚主编 ；邵钢锋执行主编
. -- 北京：北京少年儿童出版社，2025.1
 ISBN 978-7-5301-6661-1

Ⅰ．①唤… Ⅱ．①马… ②邵… Ⅲ．①大运河—文化史—儿童读物 Ⅳ．①K928.42-49

中国国家版本馆CIP数据核字(2023)第222292号

唤醒沉睡的大运河
HUANXING CHENSHUI DE DA YUNHE
主编　马俊亚
执行主编　邵钢锋

*

北 京 出 版 集 团
北京少年儿童出版社　出版
（北京北三环中路6号）
邮政编码：100120

网　　址：www.bph.com.cn
北京少年儿童出版社发行
新 华 书 店 经 销
三河市嘉科万达彩色印刷有限公司印刷

*

889毫米×1194毫米　16开本　8印张　150千字
2025年1月第1版　2025年1月第1次印刷
ISBN 978-7-5301-6661-1
定价：68.00元
如有印装质量问题，由本社负责调换
质量监督电话：010 - 58572171

还不止这些呢！那些驾驶着各种机器，许诺要让我恢复通航的小伙子，我可都记着呢。现在他们在北京、河北都取得了初步胜利。也许在不远的将来，我就可以完成自己"老当益壮"的梦想，继续奔跑在我热爱的土地上。

一觉醒来，时代变了。有越来越多的人对我进行着修复和完善，让我仍然能参与到这个时代中，讲述我的故事。

听，车水马龙之中有哗哗的流水声，那是我在讲述下一个故事了……

图书在版编目（CIP）数据

唤醒沉睡的大运河 / 马俊亚主编；邵钢锋执行主编. -- 北京：北京少年儿童出版社，2025.1
ISBN 978-7-5301-6661-1

Ⅰ. ①唤… Ⅱ. ①马… ②邵… Ⅲ. ①大运河—文化史—儿童读物 Ⅳ. ①K928.42-49

中国国家版本馆CIP数据核字（2023）第222292号

唤醒沉睡的大运河
HUANXING CHENSHUI DE DA YUNHE

主编　马俊亚
执行主编　邵钢锋

*

北 京 出 版 集 团　出版
北 京 少 年 儿 童 出 版 社

（北京北三环中路6号）
邮政编码：100120

网　　址：www.bph.com.cn
北京少年儿童出版社发行
新 华 书 店 经 销
三河市嘉科万达彩色印刷有限公司印刷

*

889毫米×1194毫米　16开本　8印张　150千字
2025年1月第1版　2025年1月第1次印刷
ISBN 978-7-5301-6661-1
定价：68.00元

如有印装质量问题，由本社负责调换
质量监督电话：010-58572171